歌舞伎に親しむ

私の見かた・読みかた

上田由香利

和泉書院

はじめに

あれは芝居を見ている最中だった。演目は井上ひさし作の『小林一茶』。江戸時代の俳諧師、小林一茶の足跡を追ったものだ。

登場人物の一人がこんなことを言う。俳諧師には二通りあり、俳諧で生計を立てている専門家を業俳、他に職業を持ちつつ命がけの趣味として俳諧を究めようとしているものを遊俳というのだと。

命がけの趣味――この言葉を聞いた時が忘れられない。我が身を言い当てられたからだ。

幼少期に日本舞踊を習った縁で中学生頃からは文楽や歌舞伎に埋もれる生活を送った。見るだけでは飽き足らず、大学卒業後からは歌舞伎の劇評を書き始めた。

しかし卒業から今日まで、私は芝居とは無関係の医療の世界に身を置いている。ある意味では医療現場も〝ドラマ〟だからか、人生の一コマが不意に芝居の一場面に重なり、あのセリフは実はこういう意味だったのかと膝を打つことがある。それを何とか劇評に生かそうと、もがき、苦しむ。少しは表現できたかと思えば、いやそうではないと立ち止まり、思考は空転し、文章はカオスに入り込む。

　本職の傍ら歌舞伎と歩んだ……などという生やさしいものではない。取っ組み合いをして生きてきた。それを「命がけの趣味」と図星をさされ、温かみのある衝撃を受けたのである。

　これから紹介してゆくのは、普段の劇評では取り上げない、歌舞伎作品の私的な読み方を書き連ねたものだ。ちょっと気取って作品論風、役者論風に書いたものもあれば、プライベートな思いの断片を私なりの赤い糸で結んでみたものもある。芝居随想と言えば聞こえはいいが、実際は正体不明のこじつけ論に仕上がったようだ。しかし、私はこんなことを感じましたと言うメッセージを発したい。歌舞伎を愛するものとして、同じ世界へ足を踏み入れられた方々へ、少しでも思いが届くことを願っている。

　本書の出版に当たり、日頃様々なご教示をいただいている権藤芳一先生からアドバイスをいただいた。又、和泉書院の廣橋研三編集長はじめ多くの方々に大変お世話になった。お礼申し上げたい。

平成二十七年七月

上田　由香利

目次

与兵衛いろいろ

『女殺油地獄』の不良青年――仁左衛門、愛之助、海老蔵

思春期とは何だろうか、反抗とはどんなものなのだろうか――文芸作品においても心理学においても手ごわいテーマである。浄瑠璃、歌舞伎ではどうだろう。

「親には孝を、子には情を」を基本とする浄瑠璃では、若者の親への反抗を正面から描く作品はまれだ。その希少なものに近松門左衛門の『女殺油地獄《おんなごろしあぶらのじごく》』がある。

◆近松の『女殺油地獄』

初演は享保六年（一七二一）七月竹本座。当時は不評だったらしい。テーマが今日《こんにち》的に過ぎ、

受け入れられなかったのかもしれない。時は流れ、明治以降に評価され、戦後の民主化、自由と人権、アイデンティティーやモラトリアムといった浄瑠璃とは異質な言葉が氾濫する現代になってから、この作品はさらなる脚光を浴び始めた。

話の大筋はこうだ。河内屋の与兵衛《よへえ》は次男坊ながら、長男の太兵衛が独立しているため家業を継ぐ立場にある。太兵衛、与兵衛の実父はすでに世にいない。父の死後、新しく父、すなわち河内屋の主人となったのは、この店の番頭、つまり与兵衛らから見れば使用人だった。母と新しい父との間に妹が一人、与兵衛にとっては異父妹である。

こうした家族模様によるのか、あるいは生来のものか、与兵衛はぐれ始める。思いあぐねた両親は、与兵衛を改心させようと、わざと妹に婿を取って家督を譲るといい始めるが、与兵衛にとっては逆効果で、親の言うことに見向きもしない。

廓《くるわ》へ入り浸る、悪い仲間と付き合う……このあたりまでなら単なる「遊び人」で済まされよう。しかし遊び人から非行、そして反社会というレールの引き込み線へと与兵衛は流れてしまう。

ある日、彼は仲間と出かけた野崎《のざき》で、武士に泥をかけるという大失態をやらかした。汚れた着物を濯ぎ、何かと世話を焼いて窮地を救ってくれたのは偶然居合わせた同じ町内の豊嶋《てしま》屋の女房、お吉《きち》だった。

野崎の一件後も与兵衛は悔い改める様子は無く、店の金を使い込むやら妹に手を挙げるやら、揚句《あげく》は両親を殴る蹴るという暴行に及び、ついに実母の堪忍袋の緒も切れ、家から追い出された。

明日は端午の節句。商家では掛けの集金に忙しい。与兵衛も借金取りに追われていた。しかも正式な借金ではない。父の謀判《ぼうはん》で借りた金は、今夜中に返さないと膨れ上がる違法なものだ。追い詰められた彼が立ち寄ったのは豊嶋屋。お吉に借金を申し込むが断られ、ついにお吉を殺害、金を強奪する。

原作では与兵衛の罪が暴かれる件《くだり》があるが、歌舞伎、文楽ともに強盗殺人の場面で終わるのが通例だ。

あらすじを読む限り、恐ろしい、救いようのない物語である。もし新劇でリアルに演じられれば社会派ドラマとなり、主役の与兵衛はさしずめ実力派性格俳優が勤めることになろうか。

ところが歌舞伎ではちょっとニュアンスが異なる。殺人シーンは恐ろしいものの、与兵衛の人物造型に当たっては違った要素が入り込む。

上方和事《かみがたわごと》の流れだろうか、与兵衛はあくまで二枚目役。しぐさには愛嬌が滲む。関西弁で「甘えた」という言葉があるのをご存じだろうか。標準語でいえば「甘えん坊」だが、カワイイだけでは済まされない、もっと未熟でみっともなく、時に立派な非難言葉にもなる。与兵衛の場合、複雑な家庭環境が産んだ「甘えた」だが、その演技に当たっては上方和事の柔らかさや色気が必要なのである。

近松が描こうとした与兵衛はもっと複雑な暗部を持つと拝察されるが、そうした深層は置き、歌舞伎の与兵衛がどんな風に甘えるのか、それを役者達がどのように演じ、甘え方がどう異なり、その結果どのように与兵衛像が変わってくるかを見てゆこう。

◈与兵衛さまざま

この役を世の中に知らしめたのは若き日の当代の十五代目片岡仁左衛門《にざえもん》。初役は昭和三十九年で、昭和三十八年生まれの私は見ていないが、一世一代と銘打った平成二十一年六月、完成品と言える与兵衛を見せてくれた。

仁左衛門の与兵衛はどんな甘え方なのか、それを端的にいうと親に対して甘えている。当たり前と思われるだろうが、これは他の役者と比べるに当たり一つのポイントとして押さえておきたい。家庭内でどんなに甘え、つけあがっても、どこかで守られている感を残している。手を焼いた両親が町内の人たちの手を借りると言い出した時、つまり他人が登場するはめになり、甘えのテリトリィーが家庭を越える事態になると、このタイプの与兵衛はぎょっとし、いささかシュンとなる。

仁左衛門の与兵衛を手本として、何人もの役者がこの役を手掛けた。彼らの甘え方のバラエティーを比べていこう。

まずは市川染五郎《そめごろう》と片岡愛之助《あいのすけ》。東と西のホープだ。基本的に仁左衛門の路線であり、同じタイプの甘え方をする。余分な尾ひれのつかない、うまく持っていけば立ち直れそうな気配の漂う、まっとうな甘えだ。

彼らの世代より少し年長の四代目中村鴈治郎《がんじろう》（演じたのは翫雀《かんじゃく》時代）となると微妙に違ってくる。ちょっとくすぶり、鬱屈する。親への甘えというより、自分自身へのジリッとした苛立ちが混じり、不満と神経のすり減らしが見てとれるのだ。

鴈治郎より、さらに翳《かげ》りを強めるのが中村亀鶴《きかく》だ。その表情は暗く、眼光は鋭い。もはや甘えという文字通りの甘味を含んだ言葉では太刀打ちできない不純物が混じってくる。彼の特性がよく現れた箇所を挙げよう。両親に悪態と粗暴行為を繰り返し、ついに家から追い出されて、振り返り振り返りしながら花道を引っ込むところだ。既述の、つまり正統派の甘え系の与兵衛たちは、ここで心細げな態度を見せる。親達の視線を跳ね返すように大手を振ってもしょせん空威張《からいば》り。懐具合を確かめて余計にしょんぼりといった按配《あんばい》だ。亀鶴はどうだろう。同じように財布の中身を確かめても心弱りするのではない。例の眼光に鈍い光を孕《はら》ませて、よし、これなら二、三日は持つぞ、あいつの所でしばらく厄介になって、それからこうして……と算段する顔つきは、アウトローへの入り口さえ思わせる。誤解を恐れずに言うと、今後裏社会で暗躍しそうな気配がある。

亀鶴の与兵衛は親や自分自身に甘えているのではない。表社会を見くびっている。これは他の与兵衛にはない味だ。

思えば仁左衛門がこの役に取り組み、完成させていったのは高度成長期であり、物質的には豊かな時代で、恵まれた、甘やかされた子がぐれた。ところが現代は、社会は閉塞し、格差が生まれ、虐《しいた》げられた若者が非行化する。仁左衛門から亀鶴に至る与兵衛の変遷は、もちろん役者の個性の違いであるが、社会構造と絡んでいるようにもみえる。

亀鶴のニヒルで一癖《ひとくせ》ある与兵衛から比べると、染五郎や愛之助のそれは正統派ゆえの物足りなさを覚えないこともない。ニンに合うにもかかわらず、である。思うに、仁左衛門と同等の力量なしに仁左衛門タイプの与兵衛を演じたため、余白のようなものが生じてしまったのかもしれない。

仁左衛門、染五郎、愛之助、鴈治郎、亀鶴と、いわばクリーンからダーティーへ至る流れの中に、入りそうで入らない、もう一人の特殊な与兵衛がいる。

◆もう一人の与兵衛

市川海老蔵《えびぞう》。平成十九年七月に手掛けるも、怪我のため約十日で降板した幻の与兵衛だ。巧いとか下手とかは度外視して、この与兵衛は強いインパクトを放った。甘えるにせよ、社会に反抗するにせよ、そして殺人鬼になるにせよ、内包するエネルギーがデカイのだ。手の施しようのないワルそのものでありながら、父を足蹴にする直前では小鳥のようなおののきを見せる。先に亀鶴で述べた花道の引っ込みでも、この与兵衛は一刻も経たないうちに家に舞い戻ってくるだろうと思える頼り無さを醸し出す。

海老蔵の与兵衛はいつも心に匕首《あいくち》を持っているようだ。その矛先が親に向けられれば反抗、自分に向けられれば自己破滅、そして社会に向けられれば犯罪……。

刃物と言えば思い出すことがある。平成十一年二月、海老蔵（当時新之助《しんのすけ》）は松竹座で『寺子屋』の松王丸《まつおうまる》を團十郎《だんじゅうろう》型で演じた。この型では首実検《くびじっけん》で刀を抜く。武部源蔵《たけべげんぞう》を牽制しつつ、いざとなれば検視の玄蕃《げんば》を切る心らしい。二十歳そこそこの松王丸が張りつめた空気の中で抜いた刀は冴え冴えとし、刃物でしか守れないものがこの世にあることを物語った。

松王丸の刀、与兵衛の匕首、全く違う二つの役が、海老蔵の中で響きあう。

何人かの与兵衛の印象を書き綴ってみた。もちろん誰が正しいというものではない。こうした比較ができるのも、三百年前に近松が〝人間〟を描いてくれたおかげなのである。

義経と鼓

『義経千本桜』――初音の鼓とは何か

形見こそ今は仇なれこれなくば　忘るることもありなん……

これは『十種香《じゅっしゅこう》』での濡衣《ぬれぎぬ》のセリフだ。女の吐息のようなこのセリフを、彼女は血に染まった片袖を手にしながら言う。その血潮は、武田勝頼《かつより》の身代わりになって切腹した彼女の恋人のものだ。

なまじこの形見があるから思い出してしまう。これさえなかったら忘れられるかもしれないのにという嘆きは、濡衣ならずとも多くの人にあるだろう。これさえなければという字面とは裏腹に、決して捨てられないもの、それが形見だ。

登場いただいた濡衣には申し訳ないのだが、この章で取り上げるのは『十種香』ではない。『義経千本桜《よしつねせんぼんざくら》』。歌舞伎になじみのない方でも義経だの静御前といった名前はご存じだろう。『義経千本桜』は彼らを軸とした物語で、形見と言おうか、心のよりどころと言おうか、小道具以上の働きをするものがある。

それは初音《はつね》の鼓だ。この鼓の来歴を紹介しよう。

◆初音の鼓

桓武《かんむ》天皇の時代、日照りが続き、田畑は干上がって人々は飢渇状態。そこで雨乞いの儀式が取り行われた。大和の国で千年も生きている雌雄の狐が捕えられ、その皮で作った鼓を打ったところ、あら不思議、車軸の雨となった。百姓はもちろん、国中の人々が、喜びの声を初めて挙げたため初音の鼓と名付けられた。かくも霊験あらたかな初音の鼓はいわば国の宝となり、宮中にとどめ置かれる。

時は流れて後白河法皇の御世。法皇はこの鼓を源義経に与える。「鼓を打て」の命令は表向きのことで、真の命令は「兄の頼朝を討て」だ（ただし、この謎めいた命令は左大将の悪巧みである）。しかし義経は一生鼓を打たない、つまり頼朝を討たない決意のもと、初音の鼓を愛妾の静御前に与える。

兄弟とは時に非情なもの。平家を滅ぼした義経を頼朝は受け入れず、義経は落人《おちうど》となり流浪する。静御前は伏見稲荷で義経に別れて後、初音の鼓を彼の形見として旅に出る。彼女に護衛役として付き従うのは義経の家来、佐藤忠信《ただのぶ》。彼女は忠信の本性を知らない。

以上が初音の鼓の誕生から、静御前が入手するまでの経緯だ。鼓を受取らなければ勅命に背き、受取れば兄に敵対、という困難を突きつけられて、鼓は受取るが打たない決意をする義経の身の処し方は『義経千本桜』を理解するうえで、しっかり押さえておくべきだろう。

だから『義経千本桜』の中で、義経は鼓を手にしてもこれを打つことは絶対にない。

ここで余談を一つ。義経とそっくりな人物がポンポンと鼓を打つ他の演目がある。『女夫狐《めおと》』。かなり珍しい演目で、私も平成七年七月、今は無き道頓堀の中座で見たのが唯一だと思っていたところ、同二十六年七月に久々に目にした。

楠　正行《くすのきまさつら》は恋人の形見の鼓を打つ。するとその鼓の皮にされた狐の子らが現れて……という舞踊劇だ。楠正行の扮装は『義経千本桜』の「四の切《しきり》」に登場する義経同様、小忌衣《おみごろも》だ。舞台美術も「四の切」にそっくり。この状況で雌雄の狐が舞い踊り、正行はリズミカルに鼓を打つ。これを見たときの目の落ち着かなさが忘れられない。あの禁断の鼓を義経が打っているではないか！　まるで見てはいけないものを見てしまったような気になったものだ。

『義経千本桜』に戻ろう。

静御前が所持することになった初音の鼓はその後どうなったのか。義経恋しと旅する彼女は吉野山に彼が潜むと聞きつけ、ようやく再会する。

既述のように旅する彼女には護衛役の連れがいた。佐藤忠信という武士だ。彼は静御前の危機を救った褒美に義経から鎧を賜わり、静御前のナイト役を仰せつかっていた。彼も吉野山に至り、主従の対面をする。

武士と書いたが、実はそうではない。彼は人間ではなく狐なのだ。雨乞いのために命を召された狐の子、つまり彼は初音の鼓の子なのである。鼓が宮中にあった間は畏れ多くどうすることもできなかったが、こうして義経へ、さらに静御前へと渡ってからは、親恋しと鼓につき従って旅してきたのである。

冒頭で触れた濡衣とはことかわり、静御前は愛しい義経と再会できた。喜びを確かめ合う二人。が、そこに予期しない人物が現れる。本物の佐藤忠信だ。自分を名乗る人物が一足先に吉野入りしていたため、捕えられて詮議される始末。

どちらが真の忠信かを詮議するうちに狐は本性を現し、義経や静御前をあざむいたことを詫びて、親である鼓に心を残しながらも古巣へ帰る決意をする。この時、親の鼓も心を痛め、静御前が打っても音を発しない。

鳴らない鼓といえば、これも余談になるが面白い経験をしたことがある。綾《あや》の鼓ではなく、本物の鼓をプロが打って音がしないという経験である。

毎年六月、京都の平安神宮では薪《たきぎ》能が行われる。平成二十三年の六月二日、開演時には晴れていた空が、日が落ちて薪に火が入るころから急に暗雲が立ち込めだした。梅雨の空と大気はこれ以上含めないほどの湿気を含み、肌も髪もじっとりと濡れはじめる。『羽衣《はごろも》』のシテが橋掛りから登場したとき、初めの一滴がぽたりと雷雲から滴り落ちた。

皮でできた鼓はこの時、あまりの湿度に変質し、綾の鼓と化した。打っても音が出ないのだ。それでも平然と打つ囃子方《はやしかた》に、観客から感嘆の息が漏れる。数秒後、耳をつんざく雷鳴に感嘆どころではなくなり逃げだす観客。それでも舞台では、雨傘をさしかけられたシテの天女が、悠然と橋掛かりを入る。上演中止は残念だが、いつも「四の切」で目にする鳴らない鼓を体験できてちょっとだけ得をした気分になった。

話を戻そう。親の鼓と別れた狐はどうなったのか。親子の情に感じ入った義経は狐を呼び戻し、さらなる英断を下す。禁裏から賜わった大切なものだが、この鼓を狐に授けたのだ。子狐の喜びはいかばかりだろう。鼓を抱きしめたりじゃれるように転がしたりする。劇場全体が子狐の喜びと同化する瞬間だ。

だが別の見方もあることを指摘したい。それは狐からではなく、義経の立場からの見方だ。

◆義経と鼓

ちょっと復習しよう。義経は兄を討たぬ決意をし、鼓を静御前に与えた。この時点で、鼓の持ち主は義経から静御前に移ったともいえるが、静御前は義経の庇護のもとにあり、鼓もまた彼の領域から出ていない。その証拠に、彼自身が改めて狐に与えているわけで、鼓の所有者はまだ義経である。

その彼が、今度こそ自分の力の及ばない、住む世界の違う相手に鼓を与えた。それは何を意味するのだろうか。私は、鼓を狐に与えることで、義経ははじめて自分の運命を受け入れたと解釈している。

討てと命じられ、討てなかった兄。その兄に追われる自分。義経にとって鼓は「これなくば」と呪った形見であろう。

平成二十二年頃、「断捨離《だんしゃり》」という言葉が人々の支持を得た。モノを捨てることではあるが、この言葉を世に出したやましたひでこ氏の公式サイトから引かせていただくと、断捨離とはただの片づけ術ではない。モノへの執着を捨て、心もストレスから解放されてスッキリすることを言う。

私はこう思う。義経にとって鼓を狐に与えるのは断捨離だったのではなかろうか。さらに深読みすると、この断捨離が『義経千本桜』の支柱ではなかろうか。

外題《げだい》こそ『義経千本桜』でありながら義経は脇の存在で、純然たる主役は知盛《とももり》、権太《ごんた》、狐忠信であることは芝居好きの間ではよく知られている。その一方、全編を貫く支柱としての義経の大きさもよく論じられてきた。しかし、支柱の中身が何か、ズバリと言い当てている論議はあまりない。鼓と決別し、心の整理をつけ、自らの運命を受け入れたからこそ真のヒーローであり、外題に名を刻まれている主役なのだと私は思う。

「四の切」をご覧になるとき、注目されやすい子狐だけでなく、外題通りに義経に思いを馳せてみることをお勧めする。

俺はお前に別れたくねえな

『荒川の佐吉』――相政を演じた名優たち

歌舞伎、文楽、舞踊、あるいはオペラ……様々な舞台芸術に接しているが、実際の舞台を見たことのないジャンルがある。

それは新国劇。人気を博した時期もあったと聞く。もちろん今も探せばその流れを汲む劇団や劇場はあるのかもしれないが、どうも男臭いイメージが強く、女一人で入るには勇気が要りそうだ。

新国劇が好んで取り上げる分野に俠客《きょうかく》ものがある。やくざというネガティブなものではなく義俠心をテーマにした気骨のある作品群だ。

◆歌舞伎の侠客もの

歌舞伎にも侠客ものと呼べる演目が存在する。筆頭として河竹黙阿弥《かわたけもくあみ》作の『極附幡随長兵衛《きわめつきばんずいちょうべえ》』。七五調のセリフが男の美学に華を添える名作だ。

長兵衛の率いる町奴《まちやっこ》は、旗本率いる白柄《しらつか》組と諍いが絶えない。それに決着をつけるため、長兵衛は水野十郎左衛門《じゅうろうざえもん》の屋敷にわざと招かれる。行けば殺される、けれど人の上に立つ自分が行かなければ収拾がつかない。思惑通り、彼は水野邸の風呂場で殺害されるというストーリーだ。いくつかある見どころの一つは、これから水野邸に赴く長兵衛が、幼い一人息子に語りかけるシーン。後を託すセリフに続けて、彼は自分の境涯を次のように語り、諭す。

（こうした侠客家業は）面白おかしく見えるだろうが三百六十日のその内には血の涙を腹の中へこぼすこたァ度々あらァ、そりゃ年中ぼろに布子《ぬのこ》にくるまって天秤棒を肩へあて人参牛蒡を売ろうとも商売往来にある家業をして女房や子供に

泣きを見せるな　うむ　いいか　わかったかコリャ俺の遺言だ

ごく普通の仕事に就け。こんな特殊な生き方はするなという長兵衛のメッセージ……表面的に読むとそうだろう。しかし、優れた役者の巧みなセリフ術で謳《うた》われると、人の上に立って死んでゆく自分への賛歌となって観客に響く。

さらに興味深いのは、このセリフが役者の持ち味によって息子に二通りの伝わり方をすることである。「この仕事に就くな」と「後を継いでくれよ」の正反対の遺言。言われた子供が考えることかもしれないが、親の言い回し次第で息子の受け止め方が変わってくる。

十二代目市川團十郎《だんじゅうろう》は、このセリフを真正面から、堂々と剛直球を投げ込むように言った。一方、中村吉右衛門《きちえもん》は強弱、緩急の自在を尽くして表面的には自嘲的ながら、男の誇りを醸し出す。

どちらがどちらの遺言となるかはおわかりだろう。團十郎の長兵衛の息子は親の意見をストレートに受け止め堅気の仕事に就き、吉右衛門の場合は裏の意を悟って二代目長兵衛となる。どちらが息子の将来にとって良い悪いの問題ではない、役者の風合《ふうあ》いがそうさせるのだ。

長谷川伸の『一本刀土俵入《いっぽんがたなどひょういり》』も見逃せない。横綱になる夢が破れた駒形茂兵衛《こまがたもへえ》は渡世人となり、昔、恩を受けた女性の窮地を救うというもの。人情味は言うに及ばず、詩情味という加算の付くいい作品だ。

変わり種として宇野信夫の『吹雪峠《ふぶきとうげ》』がある。上演時間たったの四十分、登場人物は三人で、男二人に女一人と書けば、情況はおおよその見当がつくだろう。やくざの助蔵は兄貴分の恋女房おえんと深い仲になり二人は逃走する。猛吹雪の一軒家で当の兄貴、直吉が来合わせて……。恐れおののき平身低頭の助蔵とおえん。しかし次第に男と女のホンネが現れて罵り合ったり庇い合ったり。愛憎のおぞましさに直吉が吐くせりふが冴える。

畜生同士のなさけとなさけ、それが忘れてえばっかりに、男一匹旅烏、旅寝の床で見た夢の、これが嘘のねえ姿だ

下手をすると臭くて野暮なセリフの見本だが、なぜか臭くて野暮な言い回しで聞きたいセリフでもある。

◆『荒川の佐吉《さきち》』と名優たち

さて最後に挙げたいのが『荒川の佐吉』。真山青果《まやませいか》作だけあって、思想的、哲学的なニュアンスを含んでおり、やくざの三下奴《さんしたやっこ》が主役と思えない厚みのある名作だ。

両国を仕切る鍾馗《しょうき》親分は片腕を切り落とされて没落。三下奴の佐吉は親分の娘お新が産んだ盲目の子供を男手一つで育てている。お新は今や立派な商家の内儀だが、障害のある我が子を捨てた身を悔い改め、佐吉に子供を返してほしいと懇願。佐吉は身を切られる思いで子供と決別し、ひとり旅に出る。

佐吉が子供を返す決意をしたのは、泣いて詫びるお新の姿を目の当たりにしたからだけではない。しかるべき仲立ち人があったからだ。相模屋政五郎。相政《あいまさ》の親分と呼んだ方が響きがいい。親分は佐吉の人となりを見極め、後ろ盾になった人物である。もとは下っ端だった佐吉に二代目鍾馗の声がかかるのも、相政の押しがあればこそ。子供の将来を考えろという相政の親身の意見が佐吉を動かしたのだ。

幕切れのシーンは早朝の向島《むこうじま》。折しも桜が満開だ。これから旅立つ佐吉と相政が別れの盃を交わす。そして相政は佐吉にこう言葉をかける。

俺はお前に別れたくねえなァ……

文字で書くと何でもないセリフなのだが、舞台で聞くとそれはそれは忘れがたい。「お前」は「おめえ」と発音されると書くだけ野暮だろう。今こうしていても、名優たちの声とセリフ回しと余情が耳に蘇る。私が聞いた古い順から書いてゆこう。

十三代目片岡仁左衛門《にざえもん》。平成四年二月の南座と同年六月の歌舞伎座だった。佐吉を演じるのは当代の十五代目仁左衛門だ。十三代目の最晩年がいかに素晴らしかったかは語り草で、このセリフも無類だった。情に満ち満ち、涙に曇り、これほど切なく発声できるものかと、感嘆やら感動やらでこちらも涙にむせんだのを思い出す。

平成十二年七月、松竹座で見た際は島田正吾《しょうご》。周知のように彼は歌舞伎役者ではなく新国劇の名優で、いわばゲストのような形で出演した。佐吉は勘九郎《かんくろう》時代の十八代目中村勘三郎《かんざぶろう》。十三代目仁左衛門の相政とはある意味正反対で、そこに一滴の涙もなく、ズドンと巌のように言い放つ。別れたくない、けれど別れねばならないのだ、という強烈なメッセージ。別れがたさを互いの胸に刻印するかのようだった。

平成二十二年九月、新橋演舞場の吉右衛門はどうだったか。十二代目、島田正吾共に素晴らしかっただけに、芝居上手な吉右衛門がどういう風に言うかとても興味があった。ちなみに佐吉は再び当代仁左衛門。

吉右衛門はこのセリフを、私の予想とはまるで違うイントネーションで言った。端的に言うと、ちょっと茶目っ気を混ぜて言うのだ。目をくるりと回し、頬には僅かな諧謔を混ぜた笑みさえ浮かべて……。

驚いた。こんな軽みで言うとは思っていなかった。拍子抜けしかけた私は次の瞬間、ジワリと何かが解けた心持ちになった。

一番大事なことは、一番やさしい言葉で書け――これはある随筆家が私に教えてくれた格言だ。つい肩に力が入りがちなことは、サラリと述べられるとストンと腑に落ちる――文章でも日常会話でもあるいはカウンセリングでもそうかもしれない。吉右衛門の言いっぷりがまさにそうだった。別れたくないけど別れるんだなあ俺達は……サラリと発せられた真実が、一服の清涼剤のように胸に滴る。

一番最近に見たのが平成二十四年三月、演舞場での松本幸四郎《こうしろう》だ。親分の気風があり、今までに目にしてきた相政に勝るとも劣らない。彼の言い方はある意味非常に自然態で、少し目を細めながら、成長した佐吉を愛でるような滋味を込める。ちなみに佐吉を演じたのは息子の市川染五郎《そめごろう》で、だからこそつい重ね合わせてしまうのも歌舞伎を見る者の性《さが》かもしれない。

以上、四人の名優たちのセリフを比べてみた。言い回しや緩急が役者ごとに違っていても、放たれるメッセージは同じだ。

子供を手放した佐吉の悲しみを知っている観客は、佐吉に旅立ってほしくない思いでこのシーンを見ている。そんな思いをやんわりと、しかしきっぱりとたしなめて、別れなければならない宿命を知らしめてくれるのが先のセリフだ。役者たちはそれぞれ自分に合った言い方でこの大事なメッセージを観客に届け、観客に佐吉と別れる決意をさせてくれるのだ。

最初はみすぼらしく、最後にパッと桜が咲くような男の芝居を書いてほしい――『荒川の佐吉』はこのリクエストに応じて書かれたという。ここに紹介したセリフ以外にも、すぐれたセリフの詰まった作品だ。多くの方々にご覧になることをお勧めしたい。佐吉に泣き、そして潔く佐吉と別れていただけることだろう。

大蔵卿という生き方

『一條大蔵譚』から人生を学ぶ

丸本物《まるほんもの》というジャンルがある。より正確に蘊蓄《うんちく》を垂れると、「丸本」とは浄瑠璃本丸一冊のことだ。翻って丸本物とは浄瑠璃由来の歌舞伎作品を指す。三大名作と言われる『仮名手本《かなでほん》忠臣蔵《ちゅうしんぐら》』『義経千本桜《よしつねせんぼんざくら》』『菅原伝授手習鑑《すがわらでんじゅてならいかがみ》』も当初は人形浄瑠璃で演じられ、後に歌舞伎化された。

もちろんすべての浄瑠璃が歌舞伎になったわけではない。人間が演じるのに不向きなものもある。又、基本的に浄瑠璃は五段構成だが、そのうち一つか二つの場面だけが歌舞伎化されることもある。一例を挙げれば「沼津」。これは『伊賀越道中双六《いがごえどうちゅうすごろく》』という長い演目の六段目に当たるが、他の場面は余程の復活上演でないとお目にかかれない。『本朝廿四孝《ほんちょうにじゅうしこう》』も八重垣《やえがき》姫《ひめ》が活躍する「十種香《じゅっしゅこう》」とそれに続く「奥庭狐火」のみがポピュラー。外題《げだい》の廿四孝に関連

した三段目の「筍 堀《たけのこ》り」となると国立劇場の仕事であり、普段の松竹系の劇場でお目にかかるのは困難だ。

こうした作品の全貌を見る絶好の機会が文楽の通し狂言の際で、先に述べた『伊賀越』や『廿四孝』はもちろん、『妹背山女庭訓《いもせやまおんなていきん》』や『奥州安達原《おうしゅうあだちがはら》』といった大作を昼夜通しで――十時間くらいは劇場にいることになろうか――見たときの心地よい疲労感はたまらない。

では全く逆に、歌舞伎の人気レパートリーでありながら、本家の文楽ではめったに上演されない――私の勉強不足かもしれないが文楽で見た記憶がない――丸本物の場面は無いだろうか。

◆大蔵卿の人となり

それが今から紹介する『一條大蔵譚《いちじょうおおくらものがたり》』である。記憶をざっとたどっても何人もの歌舞伎俳優の大蔵卿を見てきた。中村吉右衛門《きちえもん》、十七および十八代目中村勘三郎《かんざぶろう》、三、四代目市川猿《えん》之助《のすけ》、十五代目片岡仁左衛門《にざえもん》、坂田藤十郎《とうじゅうろう》、尾上菊五郎《おのえきくごろう》、三代目猿之助の代役で演じた中村歌六《かろく》、若手の勉強会である「上方歌舞伎会」では仁左衛門の弟子の片岡松十郎《まつじゅうろう》がフレッシュだったのを覚えている。

これほど目にしているにもかかわらず、文楽ではまずお目にかからない。

何故だろうかと気になり、私なりの推理を立ててみることにした。この推理がドラマの本質に、どこか深いところで一脈つながっているような匂いがするからだ。

文楽では周知のように人形が役を演じる。人形のパーツのうち、頭部（首から上の部分）を首と書いて「かしら」と呼ぶ。どの役にどの首を使うかは決まっており、八重垣姫は「娘」、勝頼《かつより》は「若男」という首だ。

この様な決まりがあるのは、首それぞれが人物の年齢、性質、特性、場合によっては職業や立場を現しているからだ。「娘」は武家のお嬢様や商家の町娘、「源太《げんだ》」ならきりっとしたイイ男ぶりの役、「又平《またへい》」はちょっと三枚目、などなど。たとえストーリーを知らずとも、この首ならこうした役どころと察しが付く。

もしこの幕を文楽で上演するとしよう。さて、どの首がふさわしいかとなった時、人形遣いをハタと困らせる事態が生じる。

この人物、性根が複雑で一筋縄では行かないのだ。もし、歌舞伎での演じ方を文楽で踏襲すると仮定すれば、パッ、パッと次々に首を替えねばならない。ある時は分別を備えた大人の男の顔——検非違使《けんびし》の首あたりか——またある時はちょっととぼけた顔——又平がいいか——という具合に。

そろそろこの辺りで大蔵卿とはどのような人物か解説しよう。

時は平家の全盛期。人は平家に媚びへつらい、源氏は雌伏中。一條大蔵家の公家、大蔵長成《ながなり》は知的に低く、政治にはかかわらず、能や狂言三昧の暮らしをしている。そんな彼が最近、清盛から妻を賜わった。常盤御前《ときわごぜん》。源義朝《よしとも》の妻で、今若・乙若・牛若の母である。滅ぼした敵の妻を我が物とした清盛だったが、さすがに嫡男重盛から諫言を受け、常盤御前を長成に授けたのだった。

ここは長成の館。実は先日から女スパイが入り込んでいる。名はお京。源氏の一族であり、夫の鬼次郎と心を合わせ、常盤御前の真意、つまり打倒平家の旗上げの意思があるかどうかを身分を隠して探っている。ところが常盤にそのそぶりは全くない。見込みなしと判断して館を立ち去る間際、せめてもの腹いせにと鬼次郎は常盤をなじり打ち据える。すると常盤は、自分も源氏の御世を忘れてはいない、その証拠に毎晩、清盛調伏《ちょうぶく》の弓を射ていると本心を明かす。

これを立ち聞きし、スハ六波羅《ろくはら》へご注進と駆け出す悪者の家臣を仕留めたのは大蔵卿。この時現れた大蔵卿は、日頃の呆けた顔とはうって変わったキリリとした賢者の風貌だ。

大蔵はこう語る。自分はもともと源氏ゆかりなのだが公家となり、平家の時代を生き抜くために、作り阿呆をしている。そのおかげで清盛からマークされることもなく、どんな平家の横暴もよけて通ることができる結構者なのだと。

演出上、大蔵卿は義太夫に乗せながら、ある時は賢者の顔付きで来し方行く末を物語り、又ある時は目尻を下げて口を開け、愚者の面持ちになる。そして再びキリリとした態度で鬼次郎夫妻に源氏の将来を託して幕となる。

もしこれを文楽でやるとしたらどうなるだろう。賢と愚で文字通りパッパと首を替えるのは事実上無理だろう。複数の人形を持ち替えるのも煩雑だ。何も歌舞伎の演出と同じやり方でやる必要はないが、丸本の本文にも、

元の阿呆に立ち帰り

とあり、作者自身、二つの性根の使い分けを意識した書きぶりをしている。

歌舞伎は人間が演じる強みで大蔵卿の二面性を、表情や身のこなし、声のトーンを瞬時に変えることで演じ分けることができる。

先に挙げた役者たちもそれぞれの工夫のもと、魅力的な変わり方を見せてくれる。一番鮮やかだったのは四十代頃の吉右衛門で細かく書けばキリがないが、

うつけとなって世を暮せば
三十年来長成が造り込んだる拵《こしら》え阿呆
なおこの上は大蔵が元の阿呆に立ち帰り
夜明けぬうちに早ういね

あたりはめまぐるしく変わり、観客の目を驚かせると同時に大蔵卿がいかに切れ者かを知らしめた。吉右衛門はその後、年齢を重ねるに連れて徐々に演じ方を変え、賢と愚はスイッチでオン、オフと入れ替わるのではなく、一つのライン上をうねるように変わっていくやり方になっ

た。仁左衛門は愚に戻る回数を絞り込み、ピンポイントのように変わるが、基本的には賢者の風貌でこの段を通す。藤十郎はさらにマイルドな変わり方で、この演出を知らない人が見れば、一貫して公家の優美さと映るかもしれない。

人間の二面性や、そのような生き方をせねばならぬ世の中を、歌舞伎ならではの演技で表すユニークな演目、それが『大蔵譚』なのである。

◆大蔵卿と観客

観客の反応もこれまた面白い。パッと変わると笑いが漏れる。しかし複数回変わるうち、作品の意図が見えてくると、笑いだけでは終わらない暗示めいたものが場内に漂い始める。

そうだな、我々も作り阿呆やってる時あるなあ……。

上司に合わせ、お得意先に合わせ、妻や子供にまで合わせて時にバカを演じる私たち。社会で生きる術とはいえ、そこには一抹の哀愁が混じる。

自嘲的になった観客に、大蔵卿はさらにこんなことを言い始める。

鼻の下の長成と笑わば笑え言わば言え　命長成　気も長成　ただ楽しみは狂言舞

世間が自分をどう見ようとままよ、自分は自分、好きな趣味の世界に生きるまでだ、と。

この明るさと達観はどうだろう。自嘲と自己憐憫気味だった観客も、大蔵卿の生き方を目の当たりにし、これでいいんだ、この生き様でと思い始める瞬間が訪れる。まるで「ありのままの姿見せるのよ」と歌うディズニーのキャラクターのように。

大蔵卿の「自己肯定感」は数ある浄瑠璃の登場人物の中で非常に珍しいケースだと思う。一般的に彼らはもっとマイナス思考を持っており、世の中を嘆いたり、板挟みになって自ら犠牲になったり、『酒屋』のお園のように去年の秋の大病の時、いっそ死んでいたらよかったと悔やみ過ぎたりしがちだ。

一見皮肉に見えながら決してそうではない大蔵卿の生き方。私も迷いの多かった若い頃、自己を肯定的に受け止め謳いあげる吉右衛門の大蔵卿に勇気づけられた記憶がある。

こういった考えは私一人のものではなさそうだ。平成二十五年七月松竹座のプログラムで上村以和於《いわお》氏が大蔵卿を「自由人」と喝破され、「笑わば笑え…（略）…ただ楽しみは狂言舞」を本心とする彼に惹き付けられると書かれているのを読み、同じ趣旨のご意見とちょっと嬉しくなった。

嬉しくなったことに力を得て、さらに勝手な想像を膨らませてみよう。大蔵卿は、ただ楽しみは狂言舞だと言う。この辺りの舞台を眺めてみよう。

義太夫の太棹《ふとざお》の調子が変わり、下座《げざ》から鼓が鳴り出すと、舞台は急に音楽的に華やぎ始める。〽暁の明星が西へちろり、東へちろり、ちろりちろり」と小舞《こまい》を舞い始めるご機嫌の大蔵卿。ここは舞踊力を備えた十八代目勘三郎が群を抜いて上手かった。

最初は平家の目をくらますための隠れ蓑だったかもしれない狂言舞。それがいつしか大蔵卿を支える趣味以上の心の糧になっているのではなかろうか。

どんな動機であれ、いったんその扉を開け、さらなる奥のカーテンを開けると、人心を捉えて離さなくなる、真の芸術の世界。大蔵卿もその世界の一人なのではなかろうか。つまり、方便で始めた趣味が真の生き甲斐になったのではあるまいか。

こう考えると、大蔵卿の生き方が、混沌とした現代社会の道しるべとなる可能性すら出てくる。会社のストレス緩和のために始めた家庭菜園が本格化し、早期退職の後、田舎で農業を営むなどと言うケースも世間ではあるらしい。

芸術の奥義に浸りながら、大蔵卿は賢でも愚でもない、真の自分を生きているように思えてならない。

桜丸が不憫でござる

『菅原伝授手習鑑』「寺子屋」松王丸の心境

上演頻度の高い演目の一つに『菅原伝授手習鑑《すがわらでんじゅてならいかがみ》』「寺子屋」がある。平均すると一、二年に一度は見ていようか。主君のために我が子を身代わりにする男の物語で、丸本《まるほん》らしいトリックを持つ名作である。

中でも山場は松王丸《まつおうまる》の大落とし、つまり我が子の最期が立派であったと聞かされ感極まり号泣する場面だ。逃げも隠れもせず、首を差し出した我が子……。こらえきれずに松王丸はこう言う。

出かしおりました　利口なやつ、立派なやつ、健気《けなげ》な八つや九つで親に代わっ

て恩送り

松王丸が嘆くにつれ女性客の涙腺はずんずん緩む。ところが嘆きの最中、なぜか松王丸は我が子ではない別の人物の名を挙げて、その人が不憫だと大泣きし始める。その別人とは「寺子屋」に登場しない桜丸だ。そのため何割かの観客は、潤みかけた眼に一抹の疑問を混ぜてこう思う。

桜丸って誰だろう。

松王丸が我が子を差し置くかのように嘆き始めた桜丸は、松王丸の三つ子の弟で、「寺子屋」に先立つ「佐太村《さたむら》」で切腹している。若くして自らの命を絶った桜丸ももちろん悲劇の人物だが、我が子の死に及んで、なぜ、かくもはっきりと松王丸の脳裏に桜丸が浮かぶのだろうか。

この解釈はかなり骨が折れ、昔から様々な説や想像がなされてきた。我が子を嘆くのは周囲の人に対して憚られるから弟にカムフラージュした、いや、桜丸に事寄せて子供の死を悼むのだ、などなど。桜丸は責任を取った自害だが我が子は立派に主君の身替りになったという感涙

も混ざるのかもしれない。もっとも浄瑠璃を素直に読めば、

さすが同腹同姓を　忘れ兼ねたる悲嘆の涙

と書かれており、三つ子と言う特殊な絆がそうさせたとある。確かにこの物語は三つ子の命運に着目して書かれているが、なぜ、今、ここで松王丸が桜丸を持ち出すのか謎だ。

◆「桜丸」への解釈

そこで強引な勝手解釈を披露したい。それにはまず「佐太村」と「寺子屋」を含む『菅原伝授手習鑑』をサッとおさらいしよう。

佐太村に住む白太夫《しらたゆう》には三人の息子がいた。梅王丸、松王丸、桜丸という三つ子である。梅王丸は菅丞相《かんしょうじょう》（菅原道真のこと）、松王丸は藤原時平《しへい》、桜丸は天皇の弟である斎世《ときよ》親王に仕えている。

早春の頃、桜丸はあるカップルの逢瀬を取り持った。それは斎世親王と菅丞相の養女、苅屋《かりや》姫。ところがこれが仇となり、菅丞相に謀反の嫌疑がかかり筑紫へ流罪となる。事件の責任を取って桜丸が切腹するのが「佐太村」だ。

一方、松王丸が仕える時平は、実は菅丞相の失脚を仕組んだ張本人で、右の逢瀬を証拠に菅丞相を謀反人に仕立てたのも彼の画策だ。

菅丞相の失脚は白太夫とその子供たちにも大きな影響を及ぼした。菅丞相に恩のある白太夫や梅王丸は、時平に仕える松王丸を敵視するようになる。白太夫の七十の賀を祝いに来た松王丸夫婦は白太夫から酷い仕打ちを受ける。嫁は贈り物を突き返され、松王丸に至っては親に背いて邪《よこしま》な主君に従うのは「蟹忠義」つまり、まっとうに道を歩まず横歩きだと手厳しく批判される。こうして白太夫は松王丸を勘当、松王丸も神妙に勘当されるというより勘当を買って出るような形で両者の間に深い溝ができた。

ところが――。

「蟹忠義」の喩《たとえ》が余程身に応えたのだろうか、松王丸は大きな、あまりにも大きな決断を下す。それは我が子の小太郎を、窮地に立つ菅相丞の息子菅秀才の身代わりにするというものだった。

その手順はこうだ。まず菅秀才が匿《かくま》われている寺子屋へ小太郎を寺入り（入塾）させる。この器量なら菅秀才に見劣りしないと判断した寺子屋の師匠の武部《たけべ》源蔵《げんぞう》は、松王丸の思惑通り小太郎を殺害。松王丸は身代わりが滞りなく行われたことを見届け、源蔵に身分を明かし、小太郎最期の様子を聞く。逃げ隠れもせず、笑みさえ浮かべて首を差し伸べたと聞かされた松王丸はたまりかねて号泣し、先に述べた如く「佐太村」で切腹した弟、桜丸が不憫とさらに涙を重ねるのだ。

さて、改めて質問。何故、この時松王丸は桜丸が不憫だと泣くのだろうか。

それを解くため、新たな質問を設けよう。その問いが「なぜ桜丸か」という本題への手掛かりになるからだ。

新たなる問い――『菅原伝授手習鑑』全体の中で、桜丸の死を一番悲しんでいるのは誰だろうか。

素直に考えるとすれば答えは簡単である。親、白太夫である。大事件の発端の責任を取り命を絶った息子、桜丸。我が子の死が親にとっていかに辛いか想像に難くない。

子を死なせた親――これは「寺子屋」の松王丸の立場と一致する。号泣の真っ最中、彼の脳裏に同じ苦しみを味わった白太夫がよぎったとしても決して不思議ではないだろう。子を失うとはこういうものか、これほど苦しいのか……そうするうちに彼の心は白太夫の心境と一つになった、つまり松王丸の脳裏は白太夫のそれと溶け合った……。

こう考えれば、白太夫と化した松王丸の口から桜丸への嘆きが漏れるのは、自然なことではないか。つまり「小太郎が不憫」も「桜丸が不憫」も、彼にとって同じではなかろうか。あえて平たく言うと、親の苦悩があまりにも切実にわかったため、桜丸が思い出されたのだ。

この考えは繰り返すが勝手なこじつけに過ぎない。けれど私はこうも思う。本当に人の気持ちがわかる瞬間には、こういった二重身ならぬ二重心のような現象が起こっているのではないかと。

◈親子関係の男女差

松王丸で見た親子関係を手掛かりに、ついでと言ってはナンだが、もう二、三関連したケースに触れよう。

『義経千本　桜《よしつねせんぼんざくら》』の「すし屋」の権太《ごんた》。彼は妻と子供を犠牲にし、それを踏み台に長年の父とのわだかまりを解いた。同じく『義経千本桜』の狐忠信《ただのぶ》。彼は歌舞伎で見ると子狐のような錯覚を起こすが、実は妻子ある大人の狐だ。その妻子を振り捨て、親である初音の鼓に寄り添い続ける。

松王丸、権太、狐忠信の三者を見てくると、子との縁を捨ててまで親に従おうとするパターンが読み取れる。

非常に面白いのは、女性の登場人物の場合、彼らとは逆の行為に出ることだ。夫を取るか、親を取るかの選択を迫られた時姫は、北条時政を討ちますと言い放ち、夫につく決意をする（『鎌倉三代記《かまくらさんだいき》』）。恋人から兄、入鹿《いるか》が隠した宝剣の奪回を命じられた橘姫はそれを試みる（『妹背山婦女庭訓《いもせやまおんなていきん》』）。八重垣姫《やえがきひめ》も父謙信が追っ手を差し向けた許嫁の勝頼《かつより》を救おうと必死だ（『本朝　廿四孝《ほんちょうにじゅうしこう》』）。

これらの例からあえて極端な一般化をすれば、男性陣は親世代との結びつきを強化しようとし、女性陣は父や兄と言った年長親族に背いてでも恋人や夫につこうとする。

例外も多々あろうが、優れた浄瑠璃作品がはからずも男女の心性の違いを衝《つ》いているようで興味深い。

私は春永贔屓

『馬盥』における春永と光秀

鶴屋南北《つるやなんぼく》の筆になる諸作品は、鬼才の名に恥じず、趣向の絡まり具合が尋常ではない。奇抜な発想に唸らされたり、煩雑すぎて混乱したりと、どちらに転ぶにせよ驚きの連続だ。

そんな中で一つ、比較的シンプルな作品がある。新劇のようなセリフ劇と言っても過言でない。

『時今也桔梗旗揚《ときはいまききょうのはたあげ》』（『時桔梗出世請状《ときもききょうしゅっせのうけじょう》』）。「馬盥《ばだらい》」と言った方が通りがいいだろう。埋もれた作品ではないのだが、上演頻度は多くなく、お目にかかるとフレッシュな感じがする。筋立てに無理がなく、リアリティーに富む本作が、怪物のような鶴屋南北の手になると思うと余計にフレッシュに見えるから不思議だ。

数えるほどしか見ていないが、初めて見た時の印象が強かったためまざまざと覚えている。昭和六十二年五月、市川團蔵《だんぞう》の襲名披露狂言で、彼の光秀に十二代目市川團十郎《だんじゅうろう》が春永《はるなが》で花を添えた。

襲名披露演目の選ばれ方には二通りあるように思う。まず一つ目は、襲名以後も何度も手掛けて練り上げていくことが保証されているパターン。尾上菊之助《おのえきくのすけ》の弁天小僧《べんてんこぞう》が典型例だ。もう一つは、襲名ならではの特権と言おうかボーナスと言おうか、今回限りですよという含みが本人にも観客にもあるパターンだ。團蔵の場合は後者に該当した。

だからと言って彼の光秀が手に余っていたかというと、決してそうではない。「馬盥」の場で光秀は春永からひどい仕打ちを受けるのだが、團蔵の光秀にはそれを底なし沼のように吸い込む不気味な魔力があって見応えがあった。一方の團十郎の春永は役にはまり、ニヒルにも美しい。加虐美と言えば言い過ぎだろうか。

この舞台から受けた感想を当時の私が書き記した小冊子がある。のちに紹介する勉強グループが出していた手のひらサイズのエッセイ集だ。冊子はこの会の代表者の御手製で、当時はまだ出始めたばかりのワープロを駆使して皆の書いた文章を形にしてくださった。

今も手元に残る十三冊の小冊子。その第二号に私が寄せたのが「私は春永贔屓」というエッセイだ。そのまま再掲しようかとも考えたが、ン十年前の文章なのでやはり書き直そう。内容そのもの、つまり趣旨は当時と変わっていない。ン十年間不変とは我ながら頑固なのかそれとも進歩がないのか。まずは例によって、ストーリーの紹介から始めよう。

◆春永と光秀

時は戦国。短気の大将、小田春永（織田信長を指す）は、自分の行いに諫言ばかりする武智光秀（明智光秀を指す）が気に入らない。そこで様々ないじめをする。領地を召し上げようとする、馬盥に注いだ酒を飲ませるなどなど。それでも不気味に耐える光秀に、彼は次なる一手としてあるものを差し出した。いぶかりながら光秀が箱を開けると、そこには女の切髪《きりかみ》が一束。

光秀には昔、不遇の時代があった。北国での赤貧の暮らし。突然の訪問者をもてなすにも、馳走や酒の金もない。そこで光秀の妻、皐月《さつき》は自らの黒髪を切り、それを売っていくばくかの金に替えた。

満座の中で、過去の貧困と恥辱の象徴である妻の切髪を突き付けられた光秀は流石に動揺する。あの時の切髪がどうしてここに……家臣居並《いなら》ぶ中で突き付けられるとは……いったんは憎悪を沈めて愛宕山《あたごやま》にある旅宿へ引き上げるも、春永からの使者を斬り、時は今、敵は本能寺にありと不吉な笑みをうかべて幕。

この芝居では、春永の虐待に耐える光秀に観客の同情が向くよう仕向けられている。場面の通称になっている馬盥の一件も、

馬に与えるその盃　鼻づら差し込み舌打ちして、その盃をずっと干せ

とあたら武士を馬にたとえる。プライドを踏みにじられた光秀の無念はいかばかりか。そこへ追い打ちをかけるように切髪が登場するわけである。堪忍袋の緒が切れて当然ではあるが、舞台を見るうち私はそれと逆の心持ちになってきたのだ。

そもそも当時の切髪がなぜ春永の手にあったかを押さえておく必要がある。春永の「光秀流浪のその砌《みぎり》」以下のセリフによると、あの時、切髪を買ったのは春永の間者《かんじゃ》（スパイ）の武士

で、委細を聞いた春永が光秀を不憫に思い臣下とし、近江丹波の両国を与えたのだった。

◆春永の心境

この経緯を頭に入れた上で、再度「馬盥」の場を振り返ってみよう。すると切髪は光秀にとり恥辱のシンボルであったばかりでなく、春永にとってもいわくつきのシロモノなのではなかろうか。春永の心の中をちょっと覗いてみると……

俺はあの時光秀を不憫と思えばこそ取り立ててやったんだ。なのに奴はその恩も忘れて臆面もなく俺のやること、なすことに文句をつけてくるではないか。ちょっと頭がいいとこれだ、猿めとえらい違いだ。インテリぶりやがって。

心の覗き見ついでに、さらに春永の深層心理を勝手に解釈させてもらうと、彼は光秀を不憫と思った自分自身に嫌気がさしていたのではあるまいか。切髪は春永にとっても、今や触れた

くない、ちょっとしたトラウマなのだ。それを証明するかのように、この件《くだり》の後、彼は、

予も最前より気鬱《きうつ》

という言葉を漏らし、気分転換のため席を移している。

　面白いもので、いったん春永へ贔屓が向かうと、振り子が反対に振れたように光秀のアラが見えてくる。立派な奥方あり、やさしい妹あり、信頼できる家臣ありと恵まれているのだから、もう少しやり方があったのではと浅慮が悔やまれる。ちょうど『仮名手本忠臣蔵《かなでほんちゅうしんぐら》』の「山科《やましな》閑居《かんきょ》」で加古川本蔵《かこがわほんぞう》が、殿中《でんちゅう》で刃傷に及んだ塩谷判官《えんやはんがん》を「浅きたくみの」と漏らしたように……。

　春永が自分に嫌気がさしていたなどという解釈は、歌舞伎作品を現代人が読む時に陥りがちな勝手解釈かもしれない。よくできた作品に対して、ひねくれた持論を持ち出すのを変痴気論というのだが、それに属するかもしれない。けれど一旦湧いたこの志向——春永贔屓——がどうしても消えなくて困っている。

親子の厳しさ
『伊賀越道中双六』「沼津」に見る父子関係

浄瑠璃は親子の情の深さを描く——本当にそうだろうか。

いくら斜に構えても、この命題、つまり親子の情こそ浄瑠璃の最大のテーマだと言う常識は覆しようがないだろう。だが、それにあえて待ったをかけてみたい。

ある演目を見たとしよう。ラストには父と息子が抱き合う感動的なシーンが待ち受けている。複雑な事情があり、二人は父ですよ、子ですよと簡単には名乗れない。言いたいが言えないギリギリの攻防が続く中、役者も人の子、もどかしい垣根を早く取っ払って大団円を迎えたいという本音がチラチラ演技の中に見えはじめる。

一方の観客はどうだろうか。周知のように歌舞伎の場合、観客の大半はストーリーを、つまりラストがどうなるか知っている。性急な観客などハンカチの用意を始めるほどだ。こちらも人の子、早く親子が名乗り合い手を取り合って感涙に咽《むせ》んでほしいという素直な思いが湧き、場内の空気はラストを待たずに湿りだす。これを敏感にキャッチした役者は、ますます実は親子でございますと言いたげな演じ振りになる……。

もうお気づきの方も多いだろう。この演目は『伊賀越道中双六《いがごえどうちゅうすごろく》』の一場面、「沼津」だ。

◆「沼津」の特殊性

まず断っておきたいのは、先に挙げた命題、すなわち「親子の情は浄瑠璃の最大のテーマ」に水を差す気はさらさらない。言いたいのは「沼津」という演目の持つ特殊性であり、この微妙なニュアンスを役者も観客も心得ないと、単なるお涙頂戴になってしまいますよ、そうすればこの一流の演目に傷がつきますよという、私なりの愛情に満ちた警告なのである。

例によって筋を記そう。『伊賀越道中双六』全体の紹介は困難なので、「沼津」に集約する。なお、私の警告につながるよう、集約のなかに登場人物の思惑を盛り込むことにしよう。

呉服屋の十兵衛《じゅうべえ》は東海道の沼津に差し掛かる。茶店の陰から這うように出てきたのは雲助《くもすけ》の久作《きゅうさく》。七十歳は超していようか。十兵衛を裕福な商人と見て取り、荷物持ちを買って出るが、老いの身には重すぎてはかどらない。そこへ現れたのが久作の娘、お米《よね》。田舎者と思えぬ垢ぬけた美しさに惹かれた十兵衛は、誘われるままに彼らの家で休息することにした。その夜、久作の物語から十兵衛は自分が彼の息子だとわかる。

十兵衛は迷った。実の父と血を分けた妹が貧苦の暮らしをしている。名乗り出て力になりたいのはやまやまだが、十兵衛には十兵衛の事情と立場がある。というのは、久作父娘の話からすると、彼らと十兵衛は敵味方の間柄で、彼らが敵《かたき》として行方を追っている沢井股五郎《またごろう》こそ十兵衛にとっては主筋の大恩ある人物なのだ。

悩んだ挙句、十兵衛はこの家を跡にする。自分が息子だと示す書き付けをわざと残して。これを見て驚愕した久作とお米。さらに彼らは書き付けに添えてあった印籠から、十兵衛が股五郎につながる人物と知る。何が何でも股五郎の居場所を聞き出そうと久作は道を先回りして十兵衛を追う。

追いついたのは夜更けの千本松原。二人はおいそれとは親子と名乗らない。久作は十兵衛を旦那さんと呼び、十兵衛もまた久作を親父《おやじ》どんと呼び、これは二人が先の場面で初めて出会った時の呼称のままだ。股五郎のありかをとせまる久作に十兵衛はあくまでも印籠の中にある薬で刀傷《かたなきず》を治してから本懐を遂げよと一般論めいた諭し方をする。さらに彼はこう続ける。敵から居場所を聞きつけた、つまり敵から恩を受けてはいざと言う時に切っ先が鈍るだろう、それを汲んで自分は言わないのだと。

この見事すぎる建前論は、久作にある発見と決意をさせた。

この男は口を割らない。割る気質の人間ではない。

久作がこう気づいたのは他でもない、自分も同じ気質を持っているからだ。人の道をたて、義理を重んじ、曲がったことはしない人間だからだ。「親」と言う立場をちらつかせたところで、実社会の中で責任のある仕事をし、義理を立てるこの男は動かせないのだ。

私の「沼津」の第一着目点はここである。十兵衛と久作との対峙は、最初はもの別れ、あえて強い言い方をすれば決裂なのだ。それは、親ですよ、子ですよとすぐに名乗って手を取り合うような、二流作めいた生温《なまぬる》さとは次元の異なる、禁欲的なドラマの深淵だ。この深みこそ「沼津」の特殊性で、役者は親子べったりの演じ方をしてはならないし、観客も最後の最後までそれを要求してはならない。

口を割らない十兵衛に対して久作はどうしたか。闇のなかで十兵衛の脇差を探り当て、我が腹に突き立てた。これにはさすがの十兵衛も驚く。股五郎の居所を聞かずに死んでは迷いますという久作の言葉は、十兵衛の立場と義理を陵駕《りようが》した。そしてついに居場所を明かす。死に行く父と、近くの闇の中で息を殺して立ち聞く妹のために。この瞬間、もう二人に垣根は無い。「親父様、幼い時にお別れした平三郎でございます」の声が、すでに息絶え絶えの父の耳に届く。

親が命を捨てて初めて息子から情報を聞き出せたというのは、考えようによっては水臭い話である。親子なのだからもっと歩み寄れるはずという思いも湧く。しかし作者の近松半二《はんじ》はあえて厳しい状況をきちんと描いた。死守すべきこの世の掟を飛び越えるために、親の立場を振りかざすのではなく、自害という究極の選択をした久作。それは二人がそれぞれの生きざまを背負った一個人として向き合ったからこそなされた一大決心である。

もちろん久作の自害は究極の親の情だが、そこに行き着くまでの道のりの厳格さこそ「沼津」の本質だと私は言いたいのだ。

◆親子の厳しさ

思うに、子供が文字通りの子供世代である場合は別として、成人した息子が父と向き合う場合は、一流の浄瑠璃ほどべったりではなく厳しく描いているのではないかという印象を私は持っている。「沼津」が最高級の厳しさとするなら、それに次ぐ作品をもう二つ挙げよう。「佐太村《さたむら》」。『菅原伝授手習鑑《すがわらでんじゅてならいかがみ》』の三段目だ。菅丞相《かんしょうじょう》（菅原道真のこと）が左遷されるきっかけを作った責任を取り、桜丸は自害を決意し、父の白太夫《しらたゆう》に切腹を許してほしいと申し出る。するど白太夫はこう言った。

助けてよいか悪いかは、おらが料簡《りょうけん》にも及ばず、神明《しんめい》の加護に任さんと……。

もしこれが二流作品なら、親が子を盲目的に庇ったり、匿《かくま》ったり、逃がす算段をするかもしれない。しかし白太夫はそうではない。自分の考えが及ばないと言う判断の重みはどうだろう。父の唱える念仏を聞きながら切腹する桜丸の腹の据わり方はどうだろう。

『義経千本桜《よしつねせんぼんざくら》』の「すし屋」の権太《ごんた》もやや変則ながらこの範疇だ。いがんだ——ぐれるとか道を踏み外すという意——権太は父から勘当されている。父は恩のある平重盛の子、維盛《これもり》を匿っているのだが、鎌倉方から維盛を差し出すよう命じられて身代わりの首を用意した。ところが権太がこれを聞きつけ、維盛を殺害したばかりか、維盛の奥方と息子まで鎌倉方に差し出した。激怒した父は権太を刺す。しかし苦しい息で権太が明かしたのは、自らの妻子を奥方らの身代わりにしたこと、渡した首は父の用意した偽首《にせくび》であるという驚愕の事実であった。権太のセリフはこう続く。

おいとしや親父様。おれの性根《しょうね》が悪いゆえ、御相談の相手もなく、前髪《まえがみ》の首を惣髪《そうはつ》にして渡そうとは料簡ちがい……。

維盛の身替りにと父が用意した首は前髪だった。父はこれを惣髪にして渡そうとした。が、全てを知る鎌倉方は維盛が前髪を剃《そ》った下男に仕立てられていることをキャッチしている。ところが父はそこまで気が回らなかった。そこで権太は相談相手のいない父に思いを馳せつつ父の仕込んだ首を修正し、月代《さかやき》を剃った上で渡したのだ。

こうして考えてみれば、十兵衛にせよ、桜丸にせよ、権太にせよ、親が思う以上に子は成長していたわけである。義を貫いた十兵衛、責任を全うした桜丸、立派に鎌倉方と渡り合った権太。そこには盲目的に愛情を注ぐ親、庇護される子という単純な図式ではない、完成した人間と人間のぶつかり合いがある。

一流の浄瑠璃は親子を生やさしくは描かない、厳しく描いているのだ。

◆玉手御前《たまてごぜん》の場合

最後にもう一つ例を挙げよう。『摂州合邦辻《せっしゅうがっぽうがつじ》』の玉手御前だ。今までは父と息子のケースだったが、これは珍しく父と娘の場合である。

ここは河内《かわち》の高安《たかやす》家。奥方に仕えていた玉手は奥方逝去に伴い、その座についた。夫はすでに老境、玉手は二十歳になるやならず、今でいう歳の差カップルだ。ある日彼女は、側室から生まれた次郎丸が嫡子、俊徳丸《しゆんとくまる》を殺害しようと計画しているのを知る。二人とも彼女にとっては継子《ままこ》、どちらも犠牲にしたくない。

ここで彼女はある計画を実行する。俊徳丸に恋を仕掛け、毒酒を勧めて彼を業病にし、顔をただれさせる。わが身の病のおぞましさをはかなんだ俊徳丸が屋敷を出奔すると、玉手も俊徳恋しやと後を追い、彼の許嫁の浅香姫《あさかひめ》に暴行を加える始末。玉手の父、合邦《がつぽう》は激怒し娘を刺し殺す。苦しい息で玉手は語る。次郎丸の謀反を聞き、何とか俊徳丸を救いたいと思ったこと、家督さえ継がなければ次郎丸の謀反もやむだろう、そうするためにわざと病気にさせ、偽りの恋を仕掛けて追いかけてきたのだと。

合邦の怒りと疑問はまだ解けず、それならばなぜ謀反の企てありと夫に言わなかったのかと問う。玉手は、そうしたなら夫は次郎丸を罰しただろうが、私にとっては次郎丸も継子、死なせたくないと答える。

一理ありと見て取る合邦。しかし、継母が息子に恋して追いかけるのは人の道に反することだ。なぜ俊徳丸を追って家を出たかと問う合邦に玉手は、自分の血液は特殊であり、彼の業病を治癒させる効能を持っているため、常に付き従い、自害して彼を助ける覚悟なのだと語る。そう聞かされた合邦は、娘のとった行為の真相を知って愕然とする。

「沼津」の緻密なドラマから見れば、何とも不可思議な、理解に苦しむ設定ではある。この不可解さを少しでも読み解こうと、玉手は本気で恋していたとか、実は年の差婚ゆえ欲求不満があったなどの解釈や分析がなされてきた（なお、この問題への私的解釈は14をご覧下さい）。そう言った議論はさて置き、私が言いたいのは「沼津」や「すし屋」同様、親が考える以上の熟慮と勇気をもって、娘は行動したという事実である。

深手《ふかで》の玉手は父の読経の中で死んでゆく。この役を独自の高みへ導いた六代目中村歌右衛門《うたえもん》の玉手は、父に看取られて死ぬ娘と言うより、もっと高次元へと魂が遊離してゆくように見えた。

優れた浄瑠璃は親子を厳しく、それゆえ切なく描くのである。

美しくない衣裳

美しくない衣裳を纏う役々

豪華な衣裳に魅せられて歌舞伎ファンになったという方も多いだろう。東京銀座の新しい歌舞伎座ビルには一般人が舞台衣裳をまとって撮影できる店があり、あこがれの世界に近づきたい人にひとときの夢を提供してくれる。

歌舞伎の衣裳にまつわる本や解説書はたくさんあると思われるので、ここではちょっと天邪鬼に逆の見方をしてみたい。

汚い衣裳、あるいは体に合わない衣裳がどんな効果を生むか、である。

汚れているが実は豪華という微妙なものも存在する。例えば絶海の孤島、鬼界ヶ島《きかいがしま》に流されている俊寛、康頼《やすより》、少将成経《なりつね》の着付は傷んでいるがもともとの素材は上物だろう。似たタイプのものに『摂州合邦辻《せっしゅうがっぽうがつじ》』の俊徳丸《しゅんとくまる》が纏っているものがあり、汚れているわけではないが、落人《おちうど》らしい甘いすさみを感じさせる。

あれは平成十九年十一月の国立劇場。珍しく『摂州合邦辻』が通しで上演された。俊徳丸に扮したのは十代目坂東三津五郎《ばんどうみつごろう》。美しい若衆姿の「住吉社前松原」の場——ここで俊徳丸は継母《ままはは》の玉手《たまて》から毒酒を飲まされる——より、館を出奔して流浪する場面の方がはかなげな色気があり、さすが舞踊に秀でた人は着こなしも違うと思わせた。

◆汚い衣裳

では徹底して汚い衣裳には何があるだろうか。どんな状況にも美学を追い求める歌舞伎では、実際の所、救いようもなく汚いというのはあまりお目にかからない。世話物に登場する長屋の住人の浴衣は粗末ではあるが、それすら粋に見せるのが歌舞伎だ。そんな中で、とことん汚らしいという不名誉な役が『夏祭浪花鑑《なつまつりなにわかがみ》』の義平次《ぎへいじ》である。汗と汚れにまみれ、もともとの色調すらわからぬ着物と、煮しめたような編笠、破《や》れ扇、すり減りすぎて裸足同然の草鞋《わらじ》……。

「泥場《どろば》」と言う通り、悪役の義平次は婿の團七《だんしち》に泥沼に沈められる形で殺される。ただでさえどろどろの義平次が、息も絶え絶えに泥沼から這い上がり、あたら檜舞台を泥で汚すシーンは、極度の汚れが一つの武器となって團七に迫る。その義平次の汚れも、翻せば主役の團七の男振りを引き立てているわけで、やはり間接的には美に寄与しているのかもしれない。

◆体に合わない衣裳

さてもう一つ、美しくない衣裳のパターンを挙げよう。体に合っていないというケースだ。普段の生活の中でもサイズがあっていない服装は落ちつかないばかりか、どこか滑稽で着ている人の値打ちすら左右してしまうこともある。そういう不名誉な衣裳を身に着けた登場人物はいるだろうか。

いる。その代表として二人を挙げたい。『源氏店《げんじだな》』の蝙蝠安《こうもりやす》と『文七元結《ぶんしちもっとい》』の長兵衛《ちょうべえ》。どんなふうに体に合っていないのか。それは彼らが着ているのは女物の着物だからだ。

男が女物の着物を着るとどうなるか。袂《たもと》の長さがやたらと目立つ、裾が足にじゃら付く。それでもなんとか〝着こなし〟ているのが蝙蝠安で、体形に合わぬ着物が肌になじんで見えるのは裏稼業が胴に入っているからに他ならない。

　蝙蝠安が一度だけ、小奇麗《こぎれい》に見えたことがある。平成二十三年師走の南座の顔見世。超の付くほど珍しく尾上菊五郎《おのえきくごろう》がこの役に扮した。顔のつくりは汚いというよりちょっと滑稽。興味深かったのは、菊五郎の持ち味ゆえか、平均的な蝙蝠安よりすっきり見えたこと。この男にもまっとうな生活をしていた時期があったと思わせる一風変わった蝙蝠安だった。

　蝙蝠安がなぜ女物の着物を着ているかは知らないが、もう一人の『文七元結』の長兵衛は理由がはっきりしている。博打で負けてスッカラカン――懐も服装も――の彼は幕開《あ》きの「長兵衛内《うち》」の場で、女房の着物をはぎ取るように脱がせて着たのだった。だから彼は蝙蝠安と違って女物の着物を着るのに慣れていない。普段扱わない袂をどう処理したものかと、たくし上げたり、後ろにパッと払って無きモノにしようと企んだり。こうしたしぐさは普段着物を着こなしている役者からすれば逆に難しく、不自然でオーバーな演技になりがちだ。袂をぱらぱらしているうちに、ああ、慣れてないから袂が邪魔なのだと気づいた観客が笑い出す、そこで役者にもウケを狙う心理がどうしても働き余計にぱらぱらやりだす。すると観客がなれ合いムードで又笑うという弊害に陥ってしまいかねない。

ただ一人、異常な上手さでこの袂を扱った役者がいる。どう上手いのか。ちょっと考えてみよう。あなたの着ている服の袖が少し長いとしよう。邪魔だなあ、袖が長いせいだ、だからたくし上げようといった三段論法は経ずに、パブロフの条件反射の如く、無意識にパッとたくし上げていることが多いのではなかろうか。

無意識にたくし上げる――これが抜群に上手かったのが十七代目中村勘三郎《かんざぶろう》の長兵衛だ。私も何分、昭和六十二年に名古屋の御園座で一回見ただけなので間違って記憶していたり、目の中に残るわずかな仕草《しぐさ》を勝手に増幅させているのかもしれないが、袂や裾の扱いに限らず彼の長兵衛を、名人芸だと思ったことははっきり覚えている。

◆『鈴ケ森』そして『ちょいのせ』

もう一つ体に合わない着物の例を挙げよう。それは子供の着物を大人が着ている場合だ。俗な言葉で言うと「つんつるてん」。袖や丈は短く、手足の一部はむき出し、子供向けの柄《がら》が大人に合うはずもない。

『鈴《すず》ケ《が》森《もり》』と言う一幕がある。美しい若者が闇の中、あまたの雲助《くもすけ》を斬る。雲助たちは乞食同然の汚い出で立ちだが、その中に一人、緑地にでんでん太鼓などの遊び道具を散らした子供の着物を着た非人が混ざっているのをご存じだろうか。

初めてこれに気づいた時、不思議な気分になった。色も柄もそぐわない着物が、美しいとは言わぬまでも、夜光虫のような怪しい光を放っている。そして私はこうも思った、なぜこの非人は子供の着物を着ているのだろう。街道をゆく人々から追い剝ぎをしているのだから、奪った大人の着物に着替えればいいのにと。

ここからは偶然と言おうか、こじつけと言おうか、全く別の芝居を見た時に、彼が子供の着物を着ているのはこういう経緯ではなかろうかと勝手に想像をたくましくしたことがある。

その芝居は『ちょいのせ』。めったに舞台にかからない上方の演目で、平成十三年一月、松竹座で見たキリだ。

善六《ぜんろく》は質店油屋の番頭。悪事が募り、お染への懸想もバレてとうとう店から追い出される羽目になる。さぁ出ていけ、これを持ってと声高に言いながら女将が行李《こうり》からだしてきたのは、彼が昔、店に奉公に来た時に着ていた子供の着物だ。これが、あの『鈴ヶ森』で非人の一人が着ていた着物と同じものだったのだ。

善六は今着ている着物を剝ぎ取られ、代わりに子供の着物を着せられる。手足がヌッと突き出し、みじめやら滑稽やら。善六役の片岡我當《がとう》が開き直ったように体当たりで演じ、普段はまじめな芸風の人だけに巧まざる効果が出たのを思いだす。

今は悪者の番頭も、少年の頃、初々しくこの着物を着て店の暖簾《のれん》をくぐった日があったのだ。その日の着物や私物は行李に入れられ押入れの奥深くしまわれて年月が経った。そして裄丈《ゆきたけ》が合わなくなった今、つんつるてんの着物で追い出されねばならない。

この時私は、商家の厳しさを知った。持ってきたものは持ってきたもの、それは返すが、今着ているものは取り上げる。手代になろうが番頭になろうが、出世して暖簾分けにたどり着こうが、やはり自分の出自は変えられず、丁稚《でっち》奉公に来た時の着物は行李に中に眠り続けている。お前は元は丁稚なのだぞと言わんばかりに。どこまでも残る、使う者と使われる者との差。それは一生ついて回る格差なのだ。

翻って『鈴ヶ森』。『ちょいのせ』のおかげで私のこじつけ魂に火がついた。この非人も、遠い日、どこかの大店《おおだな》に丁稚奉公に来た。物覚えが悪かったのか、それとも手癖が悪かったのか、成人してから店をおっぽり出された、あの時の着物で。流れ流れて鈴ヶ森で雲助になってからも、根が無精な彼は着替えもせず、垢じみた、けれど妙に肌になじんだ着物のままで日を送る……。

緑色の子供の着物が、上方演目の『ちょいのせ』と江戸ものの『鈴ヶ森』を私の頭の中で結びつけ、そして無邪気に笑っている。

変容する小道具

扇、鉞、碇の変わり方

歌舞伎を彩るアイテムに、衣裳と並んで小道具がある。一般的には役者が舞台で手にするものの全てが含まれる。

◆小道具の代表、扇

小道具としてよく使われるのが扇だ。扇は芝居でも舞踊でも使いようで様々なものに変化する。広げた際には、日差しや雨をよける傘、相手を見初めるときの隠れ蓑、骨と骨の隙間からためつすがめつの首実検、すぼめればキセルや刀、ちょっと短いが長刀《なぎなた》、飛びゆく鏑矢《かぶらや》、馬をいなす鞭、舟をこぐ櫂……など変幻自在だ。

刀と長刀と言えば思い出すのは『吉野山』の忠信《ただのぶ》だ。彼は悪七兵衛景清《あくしちびょうえかげきよ》と三保谷四郎《みおのやのしろう》の勝負を物語る。詞章を読むと、景清は長刀で、四郎は刀で応戦していると思われるが、忠信役者の中で、武器の長さの違いを扇一本で表現したのは中村富十郎《とみじゅうろう》だった。

上手さと言う意味では中村芝翫《しかん》の扇テクニックも忘れられない。『紅葉狩』や『日本振袖始』の「大蛇退治」では扇を派手に宙に舞わせる振りがあるが、コントロールが抜群で、扇が手から放れても、扇と指とが見えない神経でつながっているようだった。

周知のように扇には、大きく分けて広げる、閉じる（すぼめる）の二パターンの使い方がある。一般的に、いったん扇を開くと開いたままでしばらく踊り、閉じれば閉じた状態でいくつかの振りをこなす。

ところが面白い例外もある。一度開いた扇をこれと言った振りもこなさぬままにすぐ閉じるという振りがつけられ、しかもそうすることで不思議な効果が表れるのだ。

それは『黒塚』の強力《ごうりき》。山伏一行の荷物持ちである強力は、東北の一面の薄《すすき》の中、ある老女の庵で一夜を明かすこととなる。老女は山へ焚火の木を取りに行く際、自分の留守中に閨《ねや》の中を絶対見るなと言い残す。見るなと言われれば見たくなるのが人情だ。修行を積んだ山伏とは違い、凡人の強力は覗いてみたくて仕方がない。寝たふりをしつつ、山伏に見つかりそうになってはパッと動作を止め、まるで「だるまさんが転んだ」式に徐々に忍び足の最中、彼は腰に差した扇を抜いてサッと広げ、体を一回転させるとすぐまた閉じて腰に差す。

単純なようで実によくできた振付けだ。開いてすぐ閉じる動きが、ソワソワと落ち着かぬ心境をよく現しているのである。長らくこの役を勤めてきた市川段四郎《だんしろう》に代わり最近では市川猿弥《えんや》や大ベテランの市川寿猿《じゅえん》が手掛け、それぞれの味を出している。

扇の話はこれくらいにして、ちょっと趣を変え、芝居の途中で大きさや質が変わる小道具を紹介しよう。

◆小道具の変化

ある男が毛抜きで顎鬚《あごひげ》を抜いている。日用品としての毛抜きは舞台の小道具として小さすぎるため、初めから大ぶりのものが使われている。ところがどうだろう、毛抜きが男の手から離れた途端、後見《こうけん》が後ろから二倍くらいの大きさの毛抜きを出し、しかもそれはタテになって踊るように上下にバウンドする。

もうお分かりだろう、歌舞伎十八番の『毛抜』である。なぜ毛抜きが踊るかは見てのお楽しみ。荒事《あらごと》のおおらかさによくマッチし、デカくなる毛抜きの発想が面白い。

次なる男は雪と桜が同居する逢坂の関所で柴を刈っている。手にしているのは手斧《ておの》。普通に使える寸法のものだ。ところが物語が進み、男が本性を現した時、先ほどの手斧は一気に巨大な鉞《まさかり》と化し、桜の妖精に襲いかかる。

これもお分かりだろう、『関の扉《せきのと》』だ。この変貌は、大きさの変化以上の舞台効果を生む。最初は一介の関守と見せていた男が実は天下を狙う大伴 黒主《おおとものくろぬし》であり、今、彼と戦っているのは彼に恋人を殺された桜の精……つまり、芝居の前半と後半ではスケールのみならず、現実から魔界へという大きな変化があり、鉞がそれを象徴するのである。

芝居の途中で変わるのは大きさだけではない。時に小道具はその質を変える。「質が変わる」という現象は言葉で説明するのが難しく例を挙げた方がよさそうだ。

『素襖落《すおうおとし》』と言う踊り好きにはたまらない演目がある。太郎冠者《たろうかじゃ》は旅立の祝いとして酒を振る舞われる。盃に酒が注がれる時に用いられるのはリアルな酒器だ。ところが太郎冠者がこんな小さな盃では味がわからないと言い、二杯目からは人が飲み干せそうにない大盃が用意される。するとどうだろう、先ほどのリアルな酒器に代わり、二人の従者はサッと扇を開いてのその先端から酒を注ぐしぐさを見せるのである。

実用品の小道具から芝居の嘘へ。扇は汲めども尽きぬ酒の泉となって太郎を酔わせ、最大の見せ場「那須与一《なすのよいち》扇の的」が繰り広げられる。

このような姿かたちの質的な変化を、ちょっと難しい言葉では「変容」と言うらしい。大小だけでは済まされない、内的な変貌を重ねながら、小道具は登場人物を炙り出す。

◈博多座での「奇蹟」

あれは平成二十五年二月。私は博多座で記憶に残る体験をした。小道具の大小の違いと言えばそれまでなのだが、初めて目にする型であり、しかもそこから得られたインスピレーションがただ事ではなかったためである。

『義経千本桜《よしつねせんぼんざくら》』の「渡海屋《とかいや》」「大物浦《だいもつのうら》」は、平家滅亡後も生き延びた知盛《とももり》が船宿の亭主となり、義経一行を海に沈めようとするスケールの大きな時代ものである。知盛は、平家を滅ぼした源氏に恨みを残しつつも、幼い安徳帝を助けてくれた義経と心理的に和解する。しかし戦を生き抜いた修羅の男として海に飛び込んで身の始末をつける。

この飛び込み方が凄い。血だるまになりながら岩場をよじ登り、巨大な碇《いかり》の極太《ごくぶと》の綱を体に巻きつけ、渾身の力を振り絞って碇を頭上に掲げる。碇を海に投入すると、渦巻き状に積まれた綱はずるずると海に引き込まれていく。やがて綱に結いつけられた体は海からの引力に耐えきれず、宙を舞うように海中へ消えゆく。

知盛が岩場にかかってから入水《じゅすい》するまで数分はかかり、観客は固唾を飲んで壮大な入水を見守る。

この「大物浦」に先立つ場面が「渡海屋」で、船宿に難題を吹っ掛ける偽侍《にせ》たち（実は知盛の家来）を渡海屋銀平《ぎんぺい》実は知盛が毅然と懲らしめるのがまず最初の見せ所だ。花道から登場する銀平は、厚衣《あつし》というアイヌ風の衣裳に傘を差して登場する。貫録が颯爽美を纏って現れる趣だ。

平成二十五年二月、銀平を演じた中村勘九郎《かんくろう》はその扮装と持ち物が違った。小型の碇を肩に担いで登場したのだ。

この型があることは以前から知っていた。しかし舞台で目にするのは初めてだ。その時私には実に不思議な感慨がよぎった。

銀平が、自分の運命を手にして登場した――。

先に紹介したように、銀平は大碇と共に海に沈む。その一時《いっとき》前、命を供にする碇の小型版を携えて舞台に現れるのだ。これは小さいものが大きくなったでは済まされないだろう。

西洋の絵画に、幼いキリストを描いたものがたくさんある。美術に関しては素人なのだが、その中に幼いイエスが小さな十字架で遊んでいる構図を美術館で見た覚えがある。おぼろげな記憶をたどると、絵の解説には、イエスの将来の磔刑を暗示しているとあった。少しでも記憶を裏打ちできないかと手元にあるキリスト教の雑誌にあたってみたところ、ズバリといった絵画は探し出せなかったが、ラ・トゥールと言う画家の絵に、少年イエスの傍らでヨセフが梁《はり》に錐《きり》で穴をあけているものがあり、「(その形が)どことなく未来の十字架を予見させる」と記されていた。似た発想で描かれた絵が他に存在しても不思議ではなかろう。

大層な言い方で恐縮だが、小さな碇を持って登場した勘九郎が私にはイエスに見えたのだ。

これには伏線がある。私が見た日の二ヶ月前に、勘九郎の父、十八代目中村勘三郎《かんざぶろう》が逝去した。祈るような思いで見たご子息の舞台に、宗教的な光を感じたのは決して私だけではなかったろう。

変容する小道具。この侮れない存在が輝く舞台にこそ、真の値打ちがあるのかもしれない。

鏡さまざま
『京人形』からお岩まで――鏡の明暗

「変容する小道具」に含めようかと迷ったが、やはり独立した章を設けることにした小道具、それが「鏡」である。小道具としての鏡には扇ほどの多彩な変化は無く、物を映すという機能に尽きるものの、映される物いかんで美しくも魔物にもなる。

◆いろいろな鏡

挙げる例が多いため走り書き風になるかもしれない。歌舞伎をよくご存じの方は、ああ、あれあれと素通りしてほしい。これから見るぞという方は、何かのキッカケにしていただければ嬉しい。

パッと思いつくものに『京人形』がある。島原の太夫を見初めた左甚五郎《じんごろう》は、彼女にそっくりな等身大の人形をこしらえた。あまりにも精魂を込めたため、人形に魂が入って動き出す。しかし入った精魂は甚五郎のものであるため、動作が男っぽくてぎこちない。これでは台無しだ。そこで思いついたのが鏡。太夫の落とした鏡を人形の懐に入れるや人形はシナシナと女らしくなり……という楽しい舞踊劇だ。途中で鏡が懐から落ちると急に武張《ぶば》り、入れるとまた、手弱女《たおやめ》になるという趣向が目を楽しませる。

人形に扮する女形によって、一気に太夫らしい色香を振りまく人と、あくまで人形の木偶《でく》の味を失わない人と二手ある。どちらが正解と言うわけではないが、作品のユニークさを活かすなら後者に軍配かも知れない。

残念ながら鏡の絡む演目に、『京人形』のような陽気な例は珍しい。これから挙げるいくつかは悲劇を映す鏡である。

待ちに待った婚礼。お光《みつ》はそっと眉を落とした顔を鏡に映す。既婚女性は眉を剃る習慣のためだ。この婚礼がどうなったかを知る時、眉なしの顔を映した鏡が恨めしい。（『野崎村』）

今から祇園町《ぎおんまち》へ売られてゆくお軽《かる》。そばには夫の勘平《かんぺい》がいる。直視できないお軽は盆をかざし、勘平を映す。

盆を鏡代わりにする型は珍しく、なかなかしみじみしたものだ。お軽は祇園町に馴《な》れた頃、由良之助《ゆらのすけ》の文を鏡を使って盗み見る。本当にこのやり方で文字が読めるかは疑問だが、二階から手鏡をかざして読む姿が絵になる。それはまさしく「髪の飾りや化粧《けわい》して」鏡と共に毎日を生きている女の肢体そのものだ。

お軽と言えば勘平。彼にも鏡で絵になる瞬間がある。昨夜、鉄砲で撃ったのは舅だったという絶望の淵で、門口《かどぐち》に案内を乞う声。見れば不破《ふわ》数右衛門と千崎《せんざき》弥五郎。二人を迎え入れようと手にした刀が鞘走り、憔悴しきった我が姿が映る。それを鏡代わりに彼は乱れた髪を整える。（『仮名手本忠臣蔵《かなでほんちゅうしんぐら》』六、七段目）

鏡の特殊なパターンに水鏡がある。

人を殺して母の家に暇乞いに立ち寄った濡髪長五郎《ぬれがみちょうごろう》。手水鉢に映った顔と、人相書きとのそれが一致すると気づく与兵衛《よへえ》。緊迫したドラマの幕開けだ。（『引窓《ひきまど》』）

水鏡は時として本性を映し出す。諏訪法性《ほっしょう》の兜を手にした八重垣姫《やえがきひめ》は、泉水に映る我が姿が尋常ならざる狐の姿と知り慄く。兜を降ろせば何時に変わらぬ我が姿だ。文楽で見ると泉水の水面に、狐と姫の顔がまるで紙芝居のようにスライド式に仕組まれていて、そのアナログ感がなかなかいい。（『本朝廿四孝《ほんちょうにじゅうしこう》』「奥庭狐火」）

時に鏡は人と人を取り持つ。鏡の前に座った男の髪を女が結う「髪すき」と称される場は、ラブシーンより濃いこともある。比較的最近見た中では、『関取千両幟《せきとりせんりょうのぼり》』（平成二十四年十二月南座）が記憶に新しく、義太夫なのに粋と言えばヘンに聞こえるかもしれないが、浄瑠璃を知り尽くした人が好みそうな艶があった。「髪すき」は母が娘にしてやる場合もある。毎年八月の文楽は三部制で、平成二十六年は二部、三部共に母娘の髪すきシーンがあった。二部の『鑓《やり》の権三重帷子《ごんざかさねかたびら》』ではお才《さい》が娘の髪を直しながら器量を褒め、自分の髪結の技量にうぬぼれる。何気ないシーンのようで、実はお才に潜むフェロモンをおびき出す意味ありげなシーン。炙り出されたフェロモンが、どういう危険分子を孕み、男と女を破滅させてゆくのか、近松は怖いほどの筆致で迫ってゆく。三部は『女殺油地獄《おんなごろしあぶらのじごく》』。お吉《きち》が幼い子の髪を結う時、床《ゆか》はこう語る。

鏡の家の家ならで家という物なければども　誰が世に許し定めけん　皐月五日の一夜さを女の家というぞかし

三界《さんがい》に家なしと言われ、鏡の家しか持たない女のはかなさ。そして一刻も経つか経たぬうちに、お吉もはかなくなってしまうのだ。

髪を結うのは女ばかりではない。男もいる、しかも悪党が。御嬢さんを連れて逃げるなら力になりますよと、忠七の髪を撫でつけながら耳元でささやく新三《しんざ》。もちろん誘拐の算段だ。十三代目守田勘弥《もりたかんや》の芸談に、髪を結われながらセリフを言うのは難しいとある。頭の動きを封じられ、セリフの調子が取りにくいのだろう。古いＶＨＳビデオで見る尾上梅幸《おのえばいこう》の忠七（新三は十七代目中村勘三郎《かんざぶろう》）が、この芸談をものともせず確かなセリフを聞かせているのは流石だ。

◆累《かさね》とお岩《いわ》

さて、今まで見て来た鏡列伝に比べ、もっと高いと言おうか深いと言おうか、別格としたい鏡がある。

怪談に登場する鏡だ。

まず『累』で鏡の使われ方を押さえてから本命の『東海道四谷怪談』に移ろう。

『累』は清元《きよもと》の名曲で、比較的よく上演される舞踊劇だ。川から卒塔婆に乗って髑髏が流れてくる。髑髏の眼窩には鎌が刺さったままだ。与右衛門《よえもん》がそれを取り上げて卒塔婆を折った途端、美しい累の顔は醜く変わり、足を引きずるようになる。そうした事実をまだ累は知らない。与右衛門は最終的には累に事実を突き付けるのだが、まず、累が見ようとした鏡を取り上げようとする振りがある。

あれは平成五年八月の歌舞伎座。累は十八代目中村勘三郎、与右衛門は中村富十郎《とみじゅうろう》。踊り

10

の名人二人が見せたこのシーンが忘れられない。

勘三郎の累が、わざと、いや、そうとはわからぬくらいの自然さで髪から顔にかけて袂《たもと》をぶつける。髪を直そうと懐から鏡を取り出した瞬間、与右衛門がサッと取り上げる。この間、二、三秒あるかないか。名人同士の火花が鏡に反射したようだった。最初は鏡を取りあげた与右衛門も、やがて因果を知らすべく、嫌がる累の腕を捉えて鏡を突き付ける。そして累も自らの変貌を知り、怨霊と化してゆく。

顔が変わる――その道のりを克明に描く傑作が『東海道四谷怪談』だ。

隣家から届けられた毒薬を、妙薬と信じて服用したお岩。夫、伊右衛門《いえもん》が隣家で饗応され、内祝言をあげている時、彼女は人間から怨霊に代わる儀式を刻々と見せる。

大きく紫色に腫《は》れた顔を、彼女はまだ知らない。世話役の宅悦《たくえつ》がひぇーと騒いでも、お岩の物腰、話しぶりはまだ普段通りだ。こらえきれなくなった宅悦がそれなら自分で見てみろと、累の場合と同様に、腕をねじ伏せる形で鏡を突き付ける。あまりの恐ろしさに飛びしさるお岩。

注目すべきは、まだこの時点ではお岩はこれが自分の顔とは思わないことだ。宅悦が何かイタズラして、怖い物を見せたと考える。そこで右手を見せてみろと宅悦に命じ、仕掛けのありかを探す。

訝《いぶか》りつつ、それでもお岩は真実に近づいてゆく。恐る恐る鏡に手拭いをかぶせ、それを徐々にずらせてついに顔の全貌を鏡に映す。それでもまだ真実が呑み込めず、着物や髪の按配から、映っているのが自分であることを確かめ、ついに顔に行き着く。彼女の言葉はこうだ。

これが私の顔かいな

このセリフは三回唱えられる。何度か見ている『四谷怪談』で、このセリフで観客から手が来るのを経験した。拍手は普通、ドラマの盛り上がりや役者の素晴らしさに対して起こるものだ。しかし、ここではちょっと感触が違う。

観客の心がお岩にヒタと寄り添うのだ。こんな可愛そうな女はいない、さぞかし口惜しかろう。

極端な言い方をすれば、わたしはこの瞬間、お岩が幽霊になるのを許す。どうぞ恨んでください、どうぞ化けて出で下さい。

自分の姿を知ったお岩は、せめて隣家に一言と外出の支度をする。鉄漿《かね》を付けようと宅悦にお歯黒道具を持ってこさせる。曇る鏡を手拭いで拭き、口を濯ぎ、歯を磨き、鉄漿を付ける。

さて、ここで鏡がどう扱われたかを振り返ってみよう。お岩は最初、こんな怖い物を見せてと鏡を振り払った。次は、手拭いをかぶせて少しずつずらしながら顔を映して事実を知った。そして今、良く見えるようにと拭いて鉄漿にとりかかる。

振り払う、ずらして顔を映す、そして拭く。これらはお岩がどう自分の顔と向き合ってゆくかに呼応する。まず否定し、徐々に認識し、最後には受容する。こうしてお岩は顔の変貌を直視し、人格を変えてゆくのだ。

一般的にお岩が変貌するのは、髪をとかし、前髪が抜け落ちて外見的に幽霊らしくなる髪梳《かみす》きあたりからだろう。しかし私は、物言わぬ鏡が一番、彼女の変貌を知り、幽霊への道を媒介しているように思えてならない。

ちょっと歌舞伎風に

歌舞伎以外で見た歌舞伎味――『半沢直樹』『華岡青洲の妻』

何の宣伝だったか思い出せないのだが、数年前にこんなテレビコマーシャルがあった。場所は学生食堂のようなところ。宇宙飛行士の毛利衛《まもる》さんが歩いている。すっと背筋を伸ばし、曲がるときはきっかり九十度の方向転換をする。そのちょっと浮世離れした動きを見た女子学生が、

あれ誰?

とつぶやく。するともう一人がこう言う。

歌舞伎の人?

当たり前だが毛利さんは歌舞伎の人ではない。このコマーシャルで見得《みえ》を切ったり六法《ろっぽう》を踏んだりしているわけではない。

にもかかわらず彼女らが、直感的に「歌舞伎の人？」と言ったのは何故だろう。それは、背筋を伸ばして直角に曲がるという超然とした動作の中に、何かしら「型」に通じる美学を感じ取ったからだ。

歌舞伎以外の領域で見かける歌舞伎調の演技や発声。それはこんな数十秒のコマーシャルでも妙に目に留まる。それは歌舞伎の演技が、物事を強調し、クローズアップし、スポットライトを当てる能力に長《た》けているためだ。

この章ではちょっと息抜きに、日頃、歌舞伎以外で目にする歌舞伎調の演技をご紹介しよう。なかには歌舞伎からほど遠いと思われる物もあるが、それもご愛嬌。

◈韓国ドラマと『半沢直樹』

あの『冬ソナ』以降、地上波、BSを問わず、どの曲のボタンを押しても韓国ドラマを目にしない日は無い。ボタンを三つ押すと全部そうだったということもある。

現代ドラマは冬ソナ以外は知らないのだが、時代物、つまり朝鮮王朝を扱っている物は、似たパターンが多いとはいえ話に起伏があり、衣裳も豪華で飽きさせずついつい毎週見てしまう。

今まで何度目にしたことだろう、王命により臣下が毒を賜わって死罪になるシーンを。濃い茶色の液体が入った白磁の器に、震える指を添えつつ、二、三口含むや否や、たちまち浮かぶ苦悶の表情に吐血が色を添え、ひきつって絶命するまで、たっぷり演じる人なら一分くらいかかろうか。役者生命を賭けたと言わんばかりの熱演で、見るたびごとに拍手してしまう。あの、ちょっと仰々しい、時間を止めたような演技形態は、印象こそ違うものの、歌舞伎のデフォルメの技巧に通じるものがある。

テレビと言えば、日本にも最近、『冬ソナ』にも負けない高視聴率をとった番組があった。『半沢直樹』。大手銀行に私怨を持つ主人公がその銀行に入行し、業界ならではの不正や不合理と徹底的に戦うというストーリーである。最終回で、ついに主人公にやり込められた上司が満座の中で土下座させられるシーンがあった。高慢な上司にしてみれば、頭取以下、何人もの重役が列座する中で部下に屈服するなど、筆舌に尽くしがたい屈辱だ。

上司役を演じたのは香川照之。彼はテレビ放映に先立つ平成二十四年、市川中車《ちゅうしゃ》を襲名し、歌舞伎公演では中車を、テレビや映画では香川照之を名乗っている。しかし香川であるはずのテレビドラマのハイライトシーンで彼は歌舞伎の手わざを使った。

これ以上歪められないほど歪んだ顔。一本ずつ、時間をかけて折り曲げられる足。そして重力に抗《あらが》う如く、段階的に床に近づく上半身。

韓国ドラマの毒薬死刑シーン同様、この土下座シーンもたっぷり一分はかかったろうか。実測したわけではないのだが、最早テレビの演技として通用しないほど長かったのは確かだ。対立してきた部下に頭を下げる無念さを、彼は香川照之としてではなく中車として、まるで伝授された時代物の型のように演じて見せた。

動作ではなく、歌舞伎調のセリフまわしで芝居をグッと引き立てる俳優もいる。彼らの本領域は新劇や現代劇であり、全てのセリフを歌舞伎風に言うわけではない。むしろ、「ここぞ」と言うときに、少しゆっくりと、ちょっと気取って、こころもち大袈裟に、そして幾分謳《うた》うように言うことで、そのセリフは自動的に光りだす。そんな経験の中で、三絶と言うべきシーンを紹介したい。

◆歌舞伎調の三絶

その一。喜劇王、藤山寛美《かんび》が桂春団治《はるだんじ》に扮する演目があった（平成元年十二月大阪新歌舞伎座『笑艶・桂　春団治』）。女道楽の絶えない春団治はしっかり者の女房に頭が上がらない。彼女は今まで芸人の女房は嫉妬してはいけないと自制してきた。しかし、春団治の子を宿した若い女が現れた時、ついに堪忍袋の緒が切れた。家出を決意した彼女は、門口でこんなことを言う。

芸人の嫁に嫉妬は禁物やなんて嘘やったわ　妬《や》くべきとこはシッカリと妬いとかないかなんだ

細かいことは思い出せないのだが、これだけははっきり覚えている。女房役の四条栄美が「妬くべきとこはシッカリと」をちょっと歌舞伎風に、しかも時代に（時代物のようなセリフ回しの意）言ったことを。そしてこの時、いくら主演が偉大な寛美であろうと、寛美は一瞬、背景に押し下げられ、女房一人が舞台全体を支配するような存在感と華を得たことを。

その二。『浅草パラダイス』と言う芝居を見た（平成十二年三月松竹座）。昭和初期の浅草界隈のエネルギーを描く肩の凝らない喜劇である。笑いモードのなか、魔法にかかったようにシリアスモードに入れ替わった瞬間があった。

中村七之助《しちのすけ》演じる松川は、かなり年上の女座長あやめに母とも恋人ともつかぬ思いを抱いている。そんな松川は、自分に召集令状が来たことをあやめに告げる。

彼を子供としか思っていなかったあやめの心に、ザワリとしたものが蠢《うごめ》く。そして彼女はこう言った、鉄砲の弾になど当たるなと。

あやめ役の渡辺えり子（現渡辺えり）が巧かった。「弾になんか、当たるんじゃぁねぇよォ」の傍点部分を先ほどの例と同様に時代で言ったのだ。このお芝居は喜劇ですと油断していた観客の背筋と言う背筋がすべてスッと伸び、やがて暗転直前に万雷の拍手となったのを覚えている。

その三は、時代で言われたセリフの極め付きだ。

紀州の名家華岡家。遊学先から戻った青洲は麻酔薬の研究に心血を注いでいる。動物実験を経て、今や人体実験の段階となった。彼の母と妻の加恵《かえ》は競って実験台になろうとする。試行錯誤の後、麻酔薬は完成間近。しかし薬の副作用で、妻の加恵は失明する。姑より強い薬を試されていたためだ。

不審がる母。自分の目は大丈夫なのに何故、嫁が失明したのかと問い詰める。青洲は重い口を開く。加恵の方に強い薬を飲ませていたのだと。

母と嫁は、どちらが強い薬を飲むか、つまりどちらがより自分を犠牲にして青洲に尽くせるかを競っていた。だから強い薬を与えられた方が「勝ち」なのだ。

純粋に医学的に見れば、高齢者に与える薬は量を少なくするのが当然だ。しかし彼女らに医学の常識は通用しない。

自分より嫁の方が強い薬を飲まされていたと青洲に聞かされて愕然とする母。さらに母は加恵に、あなたはこのことを知っていたのかと問う。もし嫁が、それを知りつつ飲んでいたのなら、つまり嫁が、内心、勝利を知りつつ飲んでいたのなら、それは母にとって、全人格を否定されたも同然の仕打ちと言うことになる。

高鳴る動悸を抑えつつ、母役を演じた杉村春子は問いかける。

それを加恵さんは知ってなしたんかのし　（のしは方言）

「知ってなしたんかのし」を杉村はちょっと時代に言った。コックリ頷く嫁。この時、母の人生は崩れ去ったと言ってもよい。杉村春子という新劇の大御所が放った歌舞伎味のあるセリフ回しで、この作品（『華岡青洲の妻』）の頂点が抉《えぐ》られるように浮かび上がった。

三つの例を見渡してみると、彼らが歌舞伎調に言ったセリフは、その演目の中の決めゼリフである。決めゼリフを決めてくれるもの、それが歌舞伎のマジックと言えるかもしれない。

阿古屋――知らない権利

『壇浦兜軍記』――阿古屋は景清の行方を…

文楽の『日向島《ひゅうがじま》』を見た（平成二十二年十一月）。

青竹をめぐらした手すり、謡がかりの荘重な語り……父、八世竹本綱大夫《つなたゆう》から直接教わった豊竹咲大夫《さきたゆう》の集中力が尋常ではない。

ここは日向の国。平家の侍大将、悪七兵衛景清《あくしちびょうえかげきよ》の流刑地だ。彼は平家を滅ぼした頼朝を敵と狙い、何度も襲うが失敗し捕えられる。殺すには惜しいと思われたのか流刑となり刑地の日向で日を送る。ただし彼は源氏の支配する世の中を見まいと決意し自ら目を抉った。日向がどんな所か、彼の目には映じない。

景清の人形は縮緬で覆われた特殊なつくりである。吉田玉女《たまめ》（平成二十七年四月に二代目吉田玉男襲名）が遣う景清を見るうち、私は三十年ほど前に取り組んだ課題のことを懐かしく思い出した。特別目新しい解釈でもないのだが、景清にまつわる話題として記しておきたい。

当時私は、ある小さな勉強グループに入り、新聞社の方や、職業をもちながら新劇を志ざす人たちに交じって近松作品やその他の浄瑠璃を毎月一作品ずつ読んでいた。作品ごとに割当が決められ、担当者は原作を読み、先行作品にあたり、型や演出、芸談を調べ、自分なりの解釈をまとめて発表する。グループのメンバーはそれを聞き、議論する。

◆『壇浦兜軍記《だんのうらかぶとぐんき》』との出会い

その折、私が担当したのが景清の登場する『壇浦兜軍記』だった。冒頭に触れた『日向島』が老境の景清を描いた作品なら、こちらはまだ頼朝を狙っていた頃の景清を扱ったもので、長谷川千四《せんし》、文耕堂《ぶんこうどう》作の五段続きの時代物だ。しかし今日上演されるのは、三段目の最初にあたる「阿古屋琴責《あこやことぜめ》」のみと言ってよい。

阿古屋は京の遊女で景清とは深い仲。景清の潜伏先を白状せよと囚われの身になり、拷問の用意がなされるが、畠山重忠が用意した責め道具は、琴、三味線、胡弓《こきゅう》。彼は阿古屋に楽器を奏でよと命じる。その旋律、音色に乱れがないことを聞き届けた彼は「景清の行方は知らぬ」という阿古屋の言葉に嘘は無いと判断し、釈放する。

平成十三年に他界した六代目中村歌右衛門《うたえもん》の傑作として有名で、豪華な衣裳で三曲を弾きこなす姿が今も目に残る。この場だけ見ると、ドラマがどうのというわけではないが、哀切な胡弓の調べがカタルシスを生む。歌右衛門の阿古屋は演奏と景清への思いが混然一体となって観客を歌右衛門ならではの高みへ誘う芸術性があった。近年では坂東玉三郎《ばんどうたまさぶろう》が人を圧する美しさでこの役を引き継いでいる。

先に触れた勉強グループでの発表の際、「琴責め」の筋と解説だけでは物足りないと思った私は、『壇浦兜軍記』全体を紹介し、さらに先行作品にも言及して全体を俯瞰してみることにした。

これは浄瑠璃の常套手段なのだが、一つの作品にはオリジンと言おうか、元となる先行作品がある。一例をあげると、『平家物語』を素材に能の『俊寛』が生まれ、その能をさらに換骨奪胎して誕生したのが近松の『俊寛』という具合だ。

『壇浦兜軍記』の場合はどうか。初演の享保十七年(一七三二)の四十数年前に近松が書いた『出世景清』が下敷きになっている。近松を更に遡ったのが幸若舞《こうわかまい》の『景清』だ。幸若舞から近松へ、そして『壇浦兜軍記』へ――。三つの作品を読み比べて私は興味あることを見出した。

◈変わりゆく「責め場」

三作品の中にはすべて「責め場」があるが、責められる人物と責め方が変遷してゆく。そして変遷と同時に趣向として成熟し、より大きな見せ場となってゆくのである。

まず幸若舞から見てゆこう。物語、責め場ともにシンプルだ。逃亡した景清をおびき寄せるため、彼の妻の父である熱田の大宮司が捕えられ、手足を縛られて牢屋に入れられる。義を重んじる景清は舅の苦難を聞きつけ舅に代わろうと上京する。

次の近松の『出世景清』では入牢させられた父に替わろうとした妻の小野姫が首に縄をかけて木に吊るされる。夫ゆえにさいなまれる貞女ぶりもさることながら、被虐美的な匂いがしなくもない。吊り上げられた小野姫にちょっと小粋なセリフがあって、彼女は役人たちを見下ろしてこう言う。

なう梶原殿。此の木の上につりあげられ世界を一目に見おろせども。夫《つま》の行方は見え申さず方々も慰みに。ちっと上がって見給はぬか

あなた方も木に上がってみたらとはシャレている。夫を庇う心意気があって、健気《けなげ》で、それでいてどこか小悪魔的で、なかなか魅力的だ。ここでもまた景清は妻を助けるべく名乗り出る。さて、これら二作を下敷きにしたのが「琴責め」だ。責めを受ける人物は景清から見て舅、妻と変遷し、本作では彼の愛人、阿古屋が責められる。人物以上に変わるのが責め方だ。前二作の拷問形式とは打って変わり、楽器の演奏で心の乱れ方を判断するという、芸術的かつ科学的な画期的方法がとられる。この類まれな趣向により、本来は三段目の一部分に過ぎないこの場が、役者の魅力を見せやすい歌舞伎において人気演目となった。

◈阿古屋の真意

既述のごとく、一糸乱れぬ演奏をした阿古屋は釈放されるのだが、本当に彼女は景清の居場所を知らないのだろうか、それとも必死で隠したのだろうか。

本当に知らない、が答えだ。「琴責め」の前の場を読むとそれがわかる。

実は彼女は、行方を知ろうと思えば知れる立場にあった。捕えられる寸前、さぞ行方を知りたいであろうと察した彼女の兄十蔵が、その場所（景清は醍醐にいる）を言おうとした瞬間、阿古屋はわざと遮る。その時のセリフがなかなかいい。くだいて書くとこうなる。

これから責苦を受ける中で、フッと心が弱り、無意識のうちに口走ってしまうかもしれない。知りたいのはやまやまだけれど、言わないで、兄さん。

最近の社会では、「知る権利」ならぬ「知らないでおく権利」が謳《うた》われ始めている。例えば、宿した子にダウン症などの染色体異常があるかどうかは妊婦の血液検査でわかるようになったが、検査自体を受けない選択をする人もある。

阿古屋は今からずっと昔に「知らない権利」を主張した。そして本当に知らないからこそ堂々と振る舞えたのだ。

一連の景清ものは本作の後は荒事《あらごと》の流れに合流していく。強者としての景清のイメージが荒事とマッチしたのだろう。その一方、『日向島』のような景清の苦悩を掘り下げた作品も出現したが、「琴責め」の人気には及ばないのが実情だ。

以上、三十年前の調べものを思い出しながら書いてみた。思い出しついでにもう一つ書こう。歌舞伎の専門誌『演劇界』には以前は読者投稿のページがあり、劇評や芝居随想が掲載されていた。何号だったか、こんな趣旨の文章が載ったことがある。

阿古屋は本当に景清の行方を知らないのだと私は思います。だからちゃんと弾けたのです。

これを投稿なさった方はおそらく『壇浦兜軍記』の全文を読まれてはいないが、この場の阿古屋の振る舞いからそう推理されたのだろう。この推理が正解であることは既述の通りだ。知らない権利を主張し、潔く全うした阿古屋に感動すればこそ投稿されたに違いない。

この文章を書くに当たり、古い『演劇界』の投稿欄を調べてみたのだが、残念なことに探し出せなかった。いつ、どなたの投稿か確かめられなかったのをお詫びすると共に、もしどなたか知っていらっしゃいましたらご一報下さいますようにと、虫のいいお願いをする次第である。

ものの順序

順序が語る人間模様――『弁天小僧』『魚屋宗五郎』『盛綱陣屋』

物事には順序と言うものがある。やるべき事の優先順位から果てはパーティーの席順に至るまで、この世の中は、あれが先かこれが先か、あの人が上かそれともこの人かというせめぎ合いで成り立っていると言ってもいい。

◆順序――セリフの場合

芝居のセリフにおいてはどうだろう。セリフの内容云々ではなく、言う順序や挙げる人物の順番に意外と面白味や洒落っ気、あるいは「深み」が見え隠れする。

まずは深刻味のない、軽いタッチのものから紹介しよう。
所は浜松屋。騙《かた》りと見破られた弁天小僧《べんてんこぞう》は自分を含めた名のある賊徒の名を列挙する。

先ず第一が日本駄右衛門《にっぽんだえもん》

と親分を立て、

南郷力丸《なんごうりきまる》、忠信利平《ただのぶりへい》、赤星十三《あかぼしじゅうざ》、弁天小僧

と最後に言うのが自分自身だ。名を連ねたその後で

わっちはほんの頭数《あたまかず》さ

と言いつつキセルを銜《くわ》える。「頭」くらいから銜えはじめるため、「数」は聞き取りにくくなる

のがちょっと可愛い。これが一種の照れ隠しで、頭数と言う謙遜とは裏腹の、少年らしい自己陶酔が漂う。白い肌の入れ墨が、この順序のおかげで余計に輝く一瞬だ。（『白浪五人男《しらなみごにんおとこ》』）
同じような人物の列挙でも、次の例では暗く翳《かげ》り、凶事の前触れを思わせる。
とっくに家に帰り着くはずの父の与市兵衛《よいちべえ》を案じるお軽《かる》とその母。お軽は今から祇園町《ぎおんまち》へ売られてゆく身だ。せめて与市兵衛が帰宅してからと判人《はんにん》の源六《げんろく》にせがむと、婿の勘平《かんぺい》が、夕べ親父様に出会ったと言う。なあんだ、それなら心配ないじゃないか、とお軽を急き立てる源六。彼は軽薄な口調で指折りながらこう言う。

何しろ婿さんがおとっあんに逢いなさりゃア、第一にお袋が安心、お娘《むす》も安心、婿さんも安心、おかみさんも安心、わっちも安心、これで丁度御・（五を掛ける）安心だ

世なれた源六は安心させたい人物から順に名を連ねてゆく。最後は元から何の心配もしてい

ない自分まで挙げて語呂合わせのオチをつける。彼の安直なノリに、人々が安心できるはずはない。安心安心と言うたびに、不吉な空気の色が増す。そして安心とは正反対の結果が待っていることは芝居好きならご存じだろう。

お軽が祇園町に慣れはじめたある日、兄の平右衛門《へいえもん》と再会する。彼女は久しぶりに会った兄から実家の様子を聞こうとする。一番先に尋ねたいのは、夫、勘平のことだ。けれどそうはしない。ものすごく聞きたいことを真っ先に聞くのは決して悪いことではないのに、どこかでブレーキがかかる。恥じらいか、慎みか、それとも相手に察せよという挑発の裏返しか……。

「勘平さんは」の「か」の字の次を言い淀み、いたずらに、か、か、か、と繰り返した後、ようやく「か」から始まる語に辿り着き、「母《かか》さんは」と問いかける。続いて問うのは「父《とと》さん」。そしてやっと勘平へ。兄はいったん誤魔化すものの、彼女が真相を知るまでに時間はかからなかった。非業の死を遂げた父、切腹した勘平。一人一人を順に問ううちに、悲劇が一段一段と頂点へ登りつめる。

（『仮名手本忠臣蔵《かなでほんちゅうしんぐら》』六、七段目）

同じように恋人の安否を尋ねるケースでも、次の場合はお軽と違って深刻味は無く、見ていて気が楽だ。

元は大店《おおだな》の若旦那。今や素寒貧《すかんぴん》の伊左衛門《いざえもん》は紙衣《かみこ》姿で吉田屋の座敷に通された。亭主とその女房に、子までなした恋人、夕霧のことを尋ねたいのだが。

照れが邪魔するのだろうか、すぐに夕霧とは言い出せず、「ゆ」で始まる別人の安否——この辺りはアドリブもあるだろう——をもっともらしく尋ね、そうした「どうでもいい人」の無事を聞かされて「そらよかったなぁ」と空元気《からげんき》ならぬ空《から》安堵を見せること数回。上方ならではのじゃらじゃらしたやり取りがたまらない。言うまでもなく片岡仁左衛門《にざえもん》の独壇場で、見ている者の頬を緩ませる和事芸《わごとげい》だ。

（『廓文章《くるわぶんしょう》』）


江戸の演目にも、人を挙げる順番で私を唸らせるものがある。

彼は威勢のいい魚屋。とある日、彼の妹は殿様に見初められ妾奉公に上がることになった。支度金として賜わった大金。妹の支度をした残りで、質に入っていたものを請け出し、借金は返し、店も改装した。取れたての魚を安価で売るため飛ぶように売れて日銭が入り、好物の酒もたらふく飲めて——日々の暮らしが一番楽しかった頃の有様を、彼は後になってしみじみとこう語る。

親父がワラヤァ、こいつも笑い、わっちも笑って暮らしやした

ここで「こいつ」というのは隣にいる彼の女房のことだ。さりげないけれど、良くできたセリフだといつも思う。挙げる人の順序がいいからだ。

私は笑って暮らしました。家族みんなもそうでした――ではない。

まず親。年老いた親父が笑っている。次に女房。世話をかけっぱしの女房だ。酒を食らって暴れた時、いつも後始末をしてくれる女房。

そして最後に自分。

もちろん屋敷に上がった妹はいない。そこがちょっと寂しい。けれど考えようによっては女の身の出世だ。妹に感謝しつつ、今の家族三人の幸福をかみしめる。

自分を最後に持ってきた彼の男気と優しさに、私はしんみりさせられる。

（『魚屋宗五郎《さかなやそうごろう》』）

◈順序で泣ける芝居

さて、順序で泣かされる演目を最後に紹介しよう。

世は戦国。非情な戦いは、時に親、兄弟を敵に回すことすらある。ここに一人の少年がいる。少年と言うより子供に近い年齢かもしれない。その子はある日、父親から次のような厳命を受ける。

今から戦が始まる。敵はわが兄、つまりお前の伯父だ。お前は前線に躍り出てわざと生捕りにされろ。そして敵の陣屋に入れ。そこには伯父のほか、お前の祖母や伯母もいるだろう。やがて陣屋内で首実検が行われるはずだ。実検するのは伯父自身だろう。首はお前が知らぬ男の首だ。しかし、よく聞けよ、お前はその見知らぬ首に向かい、父様、さぞ口惜しかろう、私も後からと叫べ、そして、腹を切れ。

そんな無茶など御叱りの方もおられよう。しかしこの厳命は実際に下り、なんとその子は教えられた通りに腹を切った。腹に九寸五分《くすんごぶ》を突き立てたまま、伯父の目をじっと見つめる……。それは彼の父が立てた周到な計画だった。敵の陣地には非常に邪知深い大将がおり、ちょっとやそっとの偽首《にせくび》ではごまかせない。しかし年端もいかぬ子供が、父様と叫んで後追い切腹をすれば、いくら疑い深い人間でもこの首は本物と思うに違いない。

彼の息が絶え絶えになるころ、忍んでやってきた彼の母親も陣屋に入ることが許された。彼の死を目前に、祖母、伯父、伯母、母が揃ったことになる。敵同士とはいえやはり親類、最早彼らに戦意は無く、父の教えを全うした子への愛《いと》おしさが充満する。

遠のく意識の中で、子は居合わす人々を一人ずつ呼び、語りかける。さて、その順序に着目してほしい。

まず、「ばば様」。次が「おじ様」。伯父は思いに耐えきれず、返事もできずに軍扇でポンポンと自らの膝を打つのがやっとだ。その次が「おば様」。そして最後が「かか様」。

年端もゆかぬ子供からすれば、真っ先に名を呼んでその胸に飛び込みたいのは、一に母、二に母、三、四が無くて五に母だろう。しかし彼は目上の年長者から順に呼ぶ。しかも祖母、伯父、伯母は親類ではあるが、離れて育った遠い親戚にすぎない。この礼節はどうだろう。
本演目――『盛綱陣屋《もりつなじんや》』は子役を含め大役揃いであるため通常の公演ではかかりにくく、何か記念碑的な折でないとお目にかかれない。最近では平成二十五年四月の新装歌舞伎座柿落しの大舞台が目に残る。趣向を凝らすのが当たり前の丸本《まるほん》時代物だが、ここまでのトリックは他に例を見ないだろう。作者は意図しなかったかもしれないが、子が人々を呼ぶ順番に、いつも私は泣かされている。

家来が主君をぶつ時は
『勧進帳』『鬼一法眼三略巻』そして玉手御前の謎

あまりにも名高い『勧進帳』。名優はもとより、まだ荒削りの若手が演じても、その内容の濃さ、長唄名曲の底力と相まって盛り上がること請け合いの演目である。

全編見どころと言ってもいいが、一箇所、ひょっとしたら初めてご覧になる方が、アレッと思われるところがあるかもしれない。

義経ではないかと怪しまれた強力《ごうりき》を、弁慶が必死の形相で打擲《ちょうちゃく》する件である。能から発生した演目であるため、ぶつ、打つ、叩くといっても動きはわずかなのだが、叩き方がちょっと内輪過ぎるのだ。弁慶の振り上げた金剛杖は、その憤怒の形相とは裏腹に、義経が目深にかぶった笠の端に触れるか触れないか程度なのである。これでは今何が起こったのか、予備知識なしで舞台に接した方には視覚的に伝わりにくいかもしれない。

先ほどこの演目は能由来と書いた。能でも弁慶が義経を打擲するが、むしろ大勢の山伏がパワーを結集し富樫《とがし》に迫り、これに威圧された富樫が通行を許す。主君をぶつ家来の命がけの姿に心揺すぶられ、義経だと知りながら関を通すのは歌舞伎のオリジナルだ。

封建制において、家来が主君に服従し、自己犠牲を憚らないのは、良し悪しは置くとして、一つの規範であり美徳であった。主君を諫めるため腹を切る家老や、どんな苦労を背負っても主君の子息を守り抜こうとする家臣もいる。

その中で家来が主君をぶつ『勧進帳』は特殊なものだ。天地がひっくり返ってもできないこと――主君打擲――を行い、結果的に主君を救った弁慶が、苦悩、決断、そして実行と三拍子揃ったヒーローとして喝采を浴びるのである。

◆主君打擲シーンは他にもあるのか

主君を家臣が打つ、あるいは実行まで行かなくともやろうとする、こんなシーンの登場する演目が『勧進帳』以外にあるだろうか。

　私の知識不足かもしれないが、あまり思いつかない。しかし、一本の丸本《まるほん》作品の中で、段を変えて三回もそのシーンが繰り広げられる演目がある。

『鬼一法眼三略巻《きいちほうげんさんりゃくのまき》』。4では四段目に当たる「一條大蔵譚《いちじょうおおくらものがたり》」を取り上げたが、ここでは「打擲される主君」をキーワードに物語を紐解いてみよう。

　まず二段目の「書写山《しょしゃざん》」。ここは播磨の国の書写山。見習いの小僧たちが勉学や修行に勤《いそ》しんでいる。その中に、子供（十三歳）と思えぬ大柄な子が一人。名を鬼若丸という。何しろ母の胎内に七年いたとか。

　大柄なため腕力も凄く、鬼若の腕白ぶりに僧たちは手を焼くばかりだ。ある日、彼の乳母が寺を訪ねてきた。体は大きくても心は子供。出家を嫌がり領主の子をやっつけようとした鬼若の太腿を乳母はつねってたしなめる。すると鬼若は、

　エエ無理な胴欲な　いかに言うこと逆らうとて主をつめって大事ないか

と口答えするが乳母は手を休めない。おかげで少しは大人しくなる。ここで丸本の本文が面白いことを言う。

主従誠の折檻を身にしみじみと覚え込み、この鬼若が成長以後、判官殿に付き添いて、安宅《あたか》の関の謀、主人を打ったる金剛杖、実に弁慶が忠心と誉を残すもこの乳母が育てからとぞ知られける

なんとこの経験が活き、鬼若は長じて弁慶となり、安宅の関で主君を打擲できましたとサ。ここまで来るとホンマかいなと笑えるが、趣向を盛り込もうとしてやまない作者魂は見上げたものだ。

「書写山」は文楽でしか見たことがないが、三段目の「菊畑《きくばたけ》」は歌舞伎でも人気演目だ。牛若と家来の鬼三太はそれぞれ虎蔵、知恵内《ちえない》と名を替え鬼一法眼の館に潜入している。鬼一の持つ「六韜三略《りくとうさんりやく》」（兵法の奥義を記したもの）を狙っているのだ。

ある日、鬼一の娘、皆鶴姫《みなづるひめ》のお供で出かけた虎蔵は、姫より一足先に館へ立ち帰った。姫を

置いて帰るとはと怒る鬼一。そこで知恵内に姫の警護を怠った虎蔵を討てと命令する。しかし知恵内は本来虎蔵の家来であるため打ちあぐねる。

これは結果的に主君を討てなかった例だ。しかし作者はこれだけでは済まさない。知恵内が打てないのを見て取った鬼一は、知恵内や虎蔵が実は誰なのか確信し、続く「奥庭」で六韜三略を牛若に伝授する。打てなかったことが人物の本性を露呈し次の場へつながるわけだ。

三つ目が四段目の「一條大蔵譚」。4でもとりあげたが復習を。鬼次郎の妻、お京は身元を伏せて大蔵卿の館で女狂言師として仕えている。大蔵卿の妻、常盤御前《ときわごぜん》に源氏を再興する意思があるかどうかを探るためだ。しかし、どう見ても常盤御前にその気はなく、夜も遅くまで揚《よう》弓《きゅう》に興じるばかり。お京はこれ以上、館に留まっても意味なしと立ち退こうとするが、腹立ちや情けなさをぶつけようと、夫、鬼次郎と共に自らの身元を明かした上で、常盤御前を責める。鬼次郎に至っては怒りを抑えきれず、常盤を打ち据える。

常盤は義朝《よしとも》の妻で、今若、乙若、牛若の母であり、鬼次郎ら源氏一党からは主君にも等しい。その常盤を揚弓の弓で打つ。

打たれた常盤は身じろぎもしない。それもそのはず、彼女は揚弓にことよせ、夜毎夜毎、清盛調伏《ちょうぶく》の弓を引いていたのだった。この事実を知るや否や、鬼次郎とお京は平伏する。常盤にしてみれば、鬼次郎が主君を打つという行為に出ればこそ、つまり真の忠臣だとわかればこそ秘めてきた本心を明かすわけで、この件《くだり》がいよいよ大蔵卿が本性を現す場面につながる。ここでも主君打擲が次の重要なシーンの呼び水になっているとわかるだろう。

『鬼一法眼三略巻』の作者、文耕堂《ぶんこうどう》と長谷川千四《せんし》がそれぞれどの段を担当したのか、三つの打擲を書こうと話し合いがあったのか——ちょうど『菅原伝授手習鑑《すがわらでんじゅてならいかがみ》』で三つの親子の別れを三人の作者が書いたように——私にはわからない。しかし、主君を打とうとする家来に、戸惑いや怒り、覚悟や人間的な叫びがあればこそ、こういったシーンは物語上のターニングポイントたりえた。名作『勧進帳』には及ばないにせよ、これら三つのシーンもちょっと心に止めたい気がする。

◆玉手御前《たまてごぜん》と女の直感

最後にもう一つ、家来が主君を打つ例をご紹介しよう。ただしこれは特殊なケースであり、今までと状況はかなり違う。7でも取り上げた『摂州合邦辻《せっしゅうがっぽうがつじ》』である。

玉手御前は二十歳になるやならずで高安左衛門《たかやすさえもん》の後妻となった。亡くなった奥方の腰元だった彼女を左衛門が見初めたのだろうか。左衛門には子が二人あり、奥方が産んだ俊徳丸《しゅんとくまる》と妾腹の次郎丸である。玉手にとっては二人とも自分と年が離れていない継子《ままこ》だ。

ある日玉手は次郎丸が俊徳丸を殺害しようとしている計画を立ち聞く。玉手にとっては義理の息子達であり、何としても両人とも助けたい。俊徳丸が家督を継がなければ、次郎丸の心も改まるかもしれない。

そこで彼女は奇策を講じた。俊徳丸に毒を飲ませて業病にし、自らは俊徳丸に恋を仕掛けて追いかける。玉手の実家の合邦《がっぽう》庵室で再会した二人。玉手は俊徳丸を口説くだけでなく、彼の許嫁の浅香姫《あさかひめ》を嫉妬に駆られて滅多打ちするのだ。

歌舞伎では普通、玉手は、

邪魔しやったら赦さぬぞ

と凄む。しかし原作にのっとった文楽のやり方はもっと凄い。

「邪魔しやったら蹴殺す」と

姫に往復ビンタを食らわせ帯をつかんで引きずり回すのだ。

歌舞伎の中で文楽に近いやり方をするのが坂田藤十郎だ。現四代目市川猿之助《えんのすけ》も第一回「亀次郎《じろう》の会」（平成十四年八月春秋座）で手掛けた時はこの演じ方で、あまりの集中力に観客中が凍りついたほどだった。

ちょっと振り返ってみよう。玉手は元、先妻に仕える腰元だった。家来の身分であったからこそ、二人の継子を命がけで――俊徳丸の業病を治すには玉手は死なねばならないというトリックがある――助けようとしている。俊徳丸が主筋なら、その許嫁の浅香姫も一応主筋だ。

何故これを強調しているのか。そこに昔からある謎、すなわち玉手は本気で彼に恋していたのか、それとも偽の恋か、という「未解決問題」を解く鍵がありそうに思うからである。

もっともこの謎は厄介で、生半可な解釈や分析などでは歯が立たない。それを承知で、私は女の直感でこう思う。

嘘で惚れているなら、俊徳丸は口説けても、主君同然の姫を打てないのではないだろうか。弁慶が義経を、乳母が弁慶を、鬼次郎が常盤御前を打った際の「正義」とは異なり、女が女を打つのは、感覚的に「本気」のような気がしてならないのだ。

繰り返すがこの謎に正解は無い。けれど私はさらにこんな読み方をしている。「赦さぬぞ」と言う玉手は嘘の恋、「蹴殺す」の玉手は本気の恋……。

こんな勝手解釈を楽しめるのも丸本物の面白味だと思っている。

キーパーソンは誰だ

心理劇『引窓』を読み解く

キーパーソンと言う言葉がある。私は普段、医療の現場で使っているが、もっと幅広く使える用語だろう。

ある揉め事が発生したとしよう。ああでもない、こうでもないとそれぞれの立場から違った意見や感情が飛び交う。そんな中、つかぬ収拾をつけてくれる人、それがキーパーソンだ。

キーパーソンの手技は多様で、人の意見をまとめたり、違ったアイデアで皆を導いたり、あるいは一番の困り者を納得させたりする。

では具体的に、家庭内でキーパーソンたる人は誰だろう。多くの場合は家の実権を握る主婦（母親でもある）が担うことが多いが、もちろんケースバイケースで、普段寡黙な父親がいざと

15

言う時ものを言うこともあろうし、離れて暮らす親戚がなるほどと思える客観的意見を述べて事がおさまる場合もある。

この人が動けば皆が動く——そんなキーパーソンがどの家庭にも、どの会社にも、中学生の一クラスの中にさえいるものだ。

◆『引窓《ひきまど》』のキーパーソン

さて、ここにある家庭がある。複雑な背景を持つ家庭だ。これがたった一時間余りの芝居の中で、いくつもの局面を乗り越えて一つの調和をもたらす凄い演目がある。

『引窓』だ。

例によってあらすじを紹介する。ちょっと詳しく紹介するのでご存じの方は退屈かも知れないが、気にかけながら読んでほしい点がある——この家庭の、いやこのドラマのキーパーソンは誰だということを。何故なら、この人がキーパーソンですと即答できないのがこの演目の凄さなのだ。あえて抽象的に言うと、Aさんは Bさんに影響を与えた、Bさんに言われCさんは考え方を変え、Cさんの変化がAさんを開眼させるというように、全員がキーパーソンたりうる三つ巴を展開する。こんな緻密なドラマはほかにあまり例がない。

ここは八幡《やわた》の里。女が二人、明日の放生会《ほうじょうえ》（功徳のため生き物を逃がしてやる行事）の用意をしている。一人は老母のお幸《こう》、もう一人は嫁のお早《はや》だ。主の与兵衛《よへえ》は外出中。

そこへ、筵で姿を隠しながら急いでやってきた大男がいる。相撲取りの濡髪長五郎《ぬれがみちょうごろう》だ。濡髪はお幸の実の子だ。彼が幼い頃、お幸は彼を養子親に託し、自らはこの家へ嫁入りした。嫁入り先には先妻の子、与兵衛がいた。お早にとっては実子が濡髪、継子《ままこ》が与兵衛と言うことになる。

この家は代々、代官を勤める由緒ある家。お幸の夫の十次兵衛《じゅうじべえ》も代官だったが死亡。それが原因か、あるいは継母とうまくいかなかったためか、十次兵衛の息子与兵衛は放埓《ほうらつ》して廓へ入り浸り、遊女だったお早を連れて家に戻った。いまではわだかまりは解け、お幸は与兵衛、お早と三人仲良く暮らしている。

その与兵衛が今日、役所から呼び出しを受け、その留守中に濡髪が訪ねてきたわけである。

再会を喜ぶ実の親子のお幸と濡髪。しかし濡髪の様子がどうもおかしい。問えば長崎の相撲に下るのでもう会えないかもしれぬとのことだ。母とお早はもてなしの料理ができるまでと彼を二階の座敷に案内する。

しばらくすると与兵衛が役所から戻ってきた。今日の呼び出しは他でもない、父が勤めてきた代官を仰せつかったのだ。俄かの出世を喜ぶお幸、与兵衛、お早。

与兵衛の話はこう続く。初めて命じられた仕事は、殺人を犯して逃亡中の犯人を捕えることである。その犯人が濡髪と立ち聞きした母は仰天する。お幸からすれば継子が実の子を逮捕しなければならないという構図だ。

そんな折、二階の障子をあけた濡髪の姿が手水鉢に映り、与兵衛はこの家に犯人の濡髪が隠れていることを察知する。

お幸は今まで貯めてきた金を与兵衛に差し出してこう言う。捜査のために配る濡髪の絵姿（人相書）を自分に売ってはくれまいかと。

与兵衛は驚き、思案した。継母が尋常ならざる様子で絵姿を買いたいと言っている。これは何を意味するのだろうか。彼はハッと思い当たった。継母はその昔、一人子供を産んでいる。それが濡髪なのだ、そうとしか考えられない。

彼は自分に課せられた使命を捨て、濡髪を逃がすことを決意し、他の村を捜索すると言い捨てて家を出る。

与兵衛が出ていくのを待ちかね、濡髪は自ら捕えられようと二階から走り出る。彼はこう言う、母の目の前で捕えられるより、この家を離れた所で捕まりますから行かせてくださいと。それはできぬと縋る母。いや捕まりに行くと勇む濡髪。それなら自害すると剃刀を取り出す母。様々の愁嘆を経て、ついに濡髪は、お前様（母）の手で縄をかけ与兵衛殿に引き渡してください、そうしないと先立たれた十次兵衛殿に義理が立たないでしょうと言う。

この言葉に母はハッとなり、盲目的に我が子を助けようとしたわが身を恥じ、濡髪に縄をかけて、与兵衛はどこにいる、捕えて手柄にせよと、涙ながらもしっかりと言い放つ。

承知しましたとばかりに役人顔で家に入ってくる与兵衛。しかしその態度とは裏腹に彼は縄を切り、明日は放生会だ、早く逃げろと指図して『引窓』は幕となる。

なお『引窓』という外題が示す通り、紐を引いて開閉する天窓が実に効果的に使われるのだが、書き出すときりがないので登場人物の心情の移ろいに絞って紹介した。

さあ改めて問題です、このドラマのキーパーソンは誰でしょうか。

嫁の立場のお早は別として、後の三人は皆キーパーソンたる資格を持っている。とりわけ義理の親子であるお幸と与兵衛は葛藤を含む重要人物だ。中でも与兵衛は上方歌舞伎の華のある主役として目立つ演出がついており、その苦悩や心理の移り変わりが見栄《みば》えのするやり方で表現される。

私が本格的に歌舞伎を見始めた昭和五十年代には、『引窓』を心理劇としてとらえる向きはすでに存在していた。劇評や解説に携わる人々も心理的側面に言及しながらこの幕を評していることが多い。もちろん全てを読んだわけではないが、際立って印象に残る二編の論文を紹介したのち、私見を述べてみたい。

◆武智《たけち》説と内山説

二編の論文は「国立文楽劇場上演資料集・23　文楽・双蝶々曲輪日記《ふたつちょうちょうくるわにっき》」（平成元年十一月三日発行）に収められている。この号は豊竹古靱大夫《こうつぼだゆう》の語る『引窓』のCDがついた豪華版だ。

まず一編は武智鉄二《てつじ》氏の「古靱大夫の「引窓」（昭和15年6月四ツ橋文楽座）」、もう一編は内山美樹子氏の「双蝶々曲輪日記考」である。内山氏の論説は、武智氏の説を踏まえつつも、実は非常にシャープに異を唱えたもので、二編ともぞくぞくするほど面白い。

武智氏はこう説く。『引窓』の主眼は〝母性〟にあり、名人古靭大夫の語りがそう気づかせてくれたと。

もう少し氏の論を続けよう。母が絵姿を売ってほしいと与兵衛に言った時、与兵衛はまだ母性の深さに気づかず、探偵的、優越的な気分で「二十年前に養子にやった実子はどうなされた」の質問を浴びせる。次に発せられた母のセリフ——与兵衛、村々へ渡すその絵姿、どうぞ買いたい——の「与兵衛」の言い回しに、古靭は哀願と人間的な叱責を込め、この無類の語りの上手さにより武智氏は「母性」と「人間浄化」が『引窓』の極意と悟られる。

さて、この論を下敷きに内山氏はこう説く。武智氏は『引窓』の前半を重視されたが、『引窓』はこれだけでは終わらない。後半に表れる戯曲の頂点、すなわち「我が子を捨てても継子に手柄さするが人間」を見過ごす論には従えない。ただし音曲としての義太夫の性格上、このドラマを完璧に演じるのは実際の舞台上では難しいと。

私の未熟な要約で申し訳ないが、勇気を奮って言うと、母の一言で人間性に開眼した与兵衛を軸に据えるのが武智説、それでは後半の、母が義理に目覚める件《くだり》が活かされないのではないかというのが内山説だ。

勇気を奮ったついでに、もう一奮発、私の考えを述べてみたい。二人の先達に対して失礼かもと思いながら。

◈第三の人物

両先達が注目されたのは、与兵衛とその母である。

もう一人重要な登場人物がいやしまいか。そしてこの人物こそ、『引窓』の真のキーパーソンかもしれない。もう一人、それは濡髪だ。

刻々と決意と覚悟を変えてゆく与兵衛とお幸と違い、濡髪は一見何もしていないようにも見える。武智氏に至っては濡髪のことを「いくら愛しても、愛する者の心よりも下らぬ義理を重んずる濡髪」と手厳しい。

思うに濡髪は、理由はあるにせよ四人を殺した犯人である。それゆえ彼は、捕えられて処罰されることを覚悟している。そして義理ある兄弟が役人なら、その人に捕まりたいと願っている。この決意は一貫しており、ブレなさは他の二人と対照的だ。

ただし強調したいことがある。その〝捕まり方〟が濡髪の心の中で劇的に変化するのだ。最初、彼は母に見えぬところで捕まろうと家を飛び出そうとした。それがどうだろう、幕切れ近く、母自身が縛り、与兵衛に突き出してくれと頼む、いやそうしろと母に命じるのである。私はこの変化はとてつもなく大きいと思う。観客がややもすると見逃してしまう濡髪の心境の変化こそ、結果的に母にコペルニクス的変化をもたらす源ではあるまいか。

思えば与兵衛とお幸は、互いの心情を言葉でぶつけ合うことで自らを変えていった。濡髪ももちろん、母の口説きや与兵衛の思惑を肚《はら》に入れた上での変化だが、捕まり方を変えたのは基本的に彼の心ひとつである。

真のキーパーソン、私が彼をそう呼んだのはこのためだ。濡髪自身が作り出した内部の変化――それは捕まるか見逃すかと言った現実的、即物的なものではなく、どう捕まるかと言う質的問題――が母に啓示を与えてドラマとしての頂点を形成する。そうした役割を担うのが濡髪なのだ。サッカーにたとえると、ゴールそのものを決めたのが母、絶妙のパスでそれをならしめたのが濡髪だ。パスなくしてゴール、すなわち戯曲の完成は得られまい。

私は7で、浄瑠璃における親子の情を取り上げ、優れた作品では子の成熟が親の予想を凌ぐことがあり、一流の浄瑠璃作者はゆめゆめ親子関係をべったり甘くは描かないと述べた。それに似た事象が『引窓』にも当てはまることになる。

あえて平たく卑近に書こう。「老いては子に従え」という言いまわしがある。「負うた子に教えられ」ともいう。穿った見方かもしれないが、これらのことわざは、年寄りは子や若者に従順な方が無難だという意味だけではないと思う。子や若者の成長や進化に驚き、評価し、それをバネに親もまた変化し進化する——ちょうど『引窓』の母のように——これが一つの人間同士の理想形なのではあるまいか。

なかなか理想通りにはいかない我々の現実の世界。だからこそ、一流作品に教えられ続けるのだ。

16

それでも彼女は生きてゆく

『逆櫓』およしの半生

就学、転勤、結婚、昇進、死別……人生には様々な出来事がある。出来事は、些末《さまつ》なレベルのものから人生を破局に追い込むようなトラウマまで大きさも様々だ。

出来事はストレスを伴う。人の感じ方は十人十色だろうが、客観的に見て巨大といえるストレス、それほどでもないレベルのストレスの区別はできよう。仮にこれらを数値化するなら、ゼロに近いものから百近くまで、ストレスの「順位表」の上に各ストレスが並んでいるようなものだ。

芝居の登場人物たちの身の上には数々の出来事が起こる。つまり彼らはストレスを抱えている。誰のストレスが一番大きいかは比較すべき問題ではないにせよ、その人物の人生をなぞり、

作品の理解を深めるにあたっては、彼らのストレスの大きさを試算するのも悪くはあるまい。

この計算を誰に対して行おうかと考えてみた。皆それぞれが複雑なバックグランドの上に、様々な出来事に遭っている。そこであえて有名なヒーロー、ヒロインではない、むしろ無名の人物をピックアップしてみたい。そして、ストレスの研究などで使われる試算を当てはめてみよう。

その人物の名は、およし。歌舞伎や文楽をご存じの方でも、およし、はてどの作品に出てきただろうと思われるかもしれない。

彼女は『ひらかな盛衰記《せいすいき》』の三段目、「逆櫓《さかろ》」に登場する。文楽で通しで見ると、「大津宿屋」にも顔を出す。彼女の人となりは後述するとして、まずはストレスのお勉強を少々。

◆ストレスの数値化

ストレス、ストレスと呼びならわしているものの、正式にはストレスを生む刺激はストレッサーと言われる。最近の残業続きがストレッサーとなり、うつや不眠を引き起こしたなどと使われる。ストレスとは砕いて言うと、心と体の緊張状態。これが長引くと心身に異常をきたすことは想像に難くない。

ストレッサーとなりうる人生の出来事を、その度合いに応じて数値化しようとした学者がいた。ホームズとレイだ。彼らは小さいと思える出来事から破局的なものまで一つ一つに数値を振り当てた。

ここで面白いのは五十と百の真ん中、五十にどんな出来事を置くかだ。ストレスであるようなないような、嬉しいような悲しいような、微妙な数値が与えられたのは「結婚」。独身の私が言うのは憚りがあるが、日々、精神科の臨床に携わっていると、結婚がゼロと百の中間に振り当てられたのも頷ける。めでたいのは当然、幸せなのも当然、けれども……この後に何が続くかはご想像に任せるが、結婚を人生の墓場と称した御仁もあるとか。

まずさしあたって50以下のストレスとはどんなものか見てゆこう。退職が45、転居が20。あくまで目安で個人差も大きかろうが参考にはなる。

50以上では離婚が73。そして100と言う大きな値には配偶者の死があてがわれた。

あれは保健センターで行った講演会だったたか、配偶者の死に最高値がついていることに言及したところ、質問時にフロアーの年輩女性が、夫の死なんてもっと下の数字でいいですわと叫ばれたのにはちょっとたじろいだ経験がある。

こうした出来事が重なれば、何らかのストレス性の病気を発症する確率は高まろう。

◆およしという女

さあ、ここでいよいよおよしにスポットライトを当てよう。彼女はどんな人生を歩み、どんな出来事に遭遇してきたのだろうか。

福嶋《ふくしま》の漁師の娘として彼女は生まれた。父の権四郎《ごんしろう》は特殊な技術を持っている。それは「逆《さか》櫓《ろ》」。櫓を複雑に操り、船を前にも後ろにも進める技術である。

おそらく一人娘なのだろう、彼女は婿を取った。父は婿に逆櫓の技を伝授しただろう。やがて夫婦は子を授かる。名を槌松《つちまつ》という。

しかし幸せは長くは続かない。婿は病気で世を去った。

人生山あり谷あり。彼女は新しい婿を得た。なかなか美丈夫で逆櫓の呑み込みも早い。

ある日彼女は父の権四郎、槌松と共に巡礼の旅に出た。大津の宿屋で武家の一家と泊まり合わせる。その一家にも槌松と同じくらいの男の子がおり、これが悲劇の発端となる。
深夜、俄かに騒動が起こり、闇の中、およしが取るものも取りあえず抱えたのは、我が子ではなく武家の子だった。そのまま別れ別れになったが、槌松の身に着けた笈摺《おいずる》には住所や名前が記されているため、先方すなわち武家が槌松を連れて取り換えに来てくれるはずだと自分に言い聞かせ、およしは他人の子を大切に育てながら暮らしている。
そんなある日、大津の宿で泊まり合わせた武家の女中がやっと我が家を訪ねてきた。槌松も同道と思いきや、女中が語るには……

あの晩取り違えたお宅の子供さんは追っ手にかかり、首を刎ねられました。誠に恐縮なのですが、そちらで育てていただいているのは大事の若君ですのでお返しください。

嘆くおよし。怒る権四郎。ところがここで物語は劇的な展開を見せる。入婿《いりむこ》した彼女の夫は源氏の武将、樋口次郎兼光《ひぐちのじろうかねみつ》で、現在およしが育てているのは木曾義仲の遺児、駒若君であり漁師の権四郎やおよしからすれば雲の上の人々なのだ。怒り心頭だった権四郎もさすがに仰天し、およしもおののきながら我が運命に従順であろうとする。

我が子の槌松の死を知らされた時のおよしのクドキは、有名な件《くだり》ではないものの、見るたびに切なくなるシーンだ。

ヤレ、槌松よ、母じゃわいの母じゃわいの。昨夜《ゆうべ》の夢にまざまざと、前の父様《ととさま》に抱かれて、天王寺参りしやると見たは、日こそ多けれ父御《てご》の三年の祥月なり

特に「前の父（つまり槌松の実の父）に抱かれて天王寺参りした」という所に私は泣く。平穏だった頃の、幸せだった頃の、残酷な回想。

ここでおよしの人生を復習しよう。結婚、出産、夫との死別、二度目の結婚、子供との離別、子供がすでに死んでいたという驚愕の事実。

ここまで書けば、私が何を試算しようとしているか、もうお分かりだろう。ホームズとレイによれば、彼女のストレス合計点は莫大なものになる。それでもなお福嶋の地で、老いた父を

支えながら、彼女はこれからも生きていかねばならぬのだ。

「逆櫓」を含む『ひらかな盛衰記』は元文四年（一七三九）の初演である。その後、延享四年（一七四七）に竹本座で『義経千本桜《よしつねせんぼんざくら》』初演。一般に当時の作品は先行作を下敷きにしつつ、新しい趣向を加えていく方法が取られる。「逆櫓」は『千本桜』の二段目すなわち「渡海屋《とかいや》」「大物浦《だいもつのうら》」に影響を与えた。「逆櫓」の樋口次郎兼光は平知盛《とももり》となってドラマを展開する。

樋口が知盛になったのなら、およしは『千本桜』では誰になったのだろう。

誰にもなっていない。知盛の女房役という意味では、典侍局《すけのつぼね》に相当しようが、安徳帝の乳母として君臨する典侍局とおよしでは身分差がありすぎて比べにくい。歌舞伎で演じる場合も、典侍局は立女形《たておやま》の大役で、およしとは別格だ。

知盛へと換骨奪胎された樋口とはこと変わり、庶民のおよしは、『千本桜』の世界には入れず、『ひらかな盛衰記』で消えた。そんな彼女に対し、『ひらかな盛衰記』の作者も暖かい筆使いを見せている。先ほどあげたクドキに並び、私が好きな箇所だ。

それはまだ槌松の死を知らされていない頃。彼女は仏壇に灯明《とうみょう》をともし、こう祈る。

妻は火打ちの石の火に　夫の威光輝けと　油煙も細き灯明に　心を照らす正直の　神や光を添えぬらん
（傍点筆者）

夫や我が子の死を経て、なおも生きてゆくしかない女、およし。ホームズとレイも驚くような人生を、それでも彼女は生きている。

偽善者を暴け

イイ男たちの本質――『俊寛』丹左衛門、『御浜御殿』綱豊

偽善者と言う一大グループがいる。わざわざ料金を支払って芝居を見に行かずとも、彼らに出会うことなど日常茶飯事かも知れないが、演目の中で彼らがどう振る舞っているか、覗きに行ってみよう。

ただし、ごくごく普通の偽善者を探すのは、ありふれていて面白くない。偽善者として作者が描き、役者がそう演じている限り、話は簡単だからだ。

そうした普通の偽善者の例として、ある代表者に登場していただこう。後で述べる、捻った偽善者との比較のために。

『時平《しへい》の七笑《ななわらい》』という変わり種の芝居がある。よく舞台にかかるというほどでもないが関西

や博多ではポツポツお目にかかり、今の所、片岡我當《かたおかがとう》の専売だ。

この演目では『菅原伝授手習鑑《すがわらでんじゅてならいかがみ》』での時平のイメージは捨ててかかる必要がある。彼は白塗りの高級官僚として登場し、左遷される菅原道真に同情し、労わりの言葉を尽くす。しかし全部ウソ。実は道真の謀反の噂を画策したのは時平その人なのだ。幕切れ直前、彼は本性を現し一人語りする。思う壺にはまった道真を嘲笑《あざわら》い、ほくそ笑み、やがて勝利の高笑いへ。この不気味な笑いは幕が下りてからもしばらく続くのが特色で、席を立ちかけた観客が不思議な気分で座り直し、場内には他の演目では見られない居心地の悪さが漂う。この気味悪さこそ、偽善者の芝居に似つかわしい。

◆ビミョーな偽善者たち

さて、この章で取り上げる偽善者は、時平のように単純ではない。

とてもいい人、いい役、儲け役ながら、私の鼻が、この人本当に善人だろうかと訝《いぶか》りながらクンクンと匂いを嗅いでいるケースである。繰り返すが役の上ではいい役、いい男だ。だからこれから述べることはいわば「いちゃもん（難癖をつけるという意味の関西弁）」であるから、こんなへそ曲がりな考えがあるのかと思ってもらって差支えない。とはいえ、一理ある、自分もそう感じていましたと思ってもらえるとありがたい。

まず丹左衛門《たんざえもん》。登場する芝居は『俊寛』だ。

『平家物語』や能の『俊寛』では、俊寛は一人だけ罪が許されず島に残されるのだが、歌舞伎では事情が複雑だ。俊寛は悪役人の瀬尾《せのお》を殺し、若いカップルを添わせて自ら島に残るというヒロイックな筋となっている。

もっとも俊寛とて初めからそうしようと決めていたわけではない。自分も許され都へ帰ることを切望した。瀬尾が読み上げた赦免状には康頼《やすより》と成経《なりつね》のみ記され、自分の名は無いと知った俊寛は気も狂わんばかりに嘆き悲しむ。そこでやおら登場するのがもう一人の役人、丹左衛門だ。白塗りの爽やか美男子である。彼はこう言う。実は俊寛も重盛の温情で備前まで乗船を許されたのだが、その前に加える一言がこうだ。

小松殿（＝重盛）の仁心、骨髄に知らせんためしばらくは控えたり

温情をとことん味わわせるべく、すぐには告知しなかったというのだ。その間、彼は俊寛が嘆くのを見物していたことになる。

私がカチンとくるのはここだ。その後も彼は、関所の人数がどうとか、喧嘩はいいが止《とど》めの一撃は無用とかいろいろなことをぬかす。こうした言動は『俊寛』における隠れたテーマ——役人の我儘はいかに理不尽か——の実例ともいえる。

役人の我儘云々はまだいい。世間によくある話と言えばそれまでだ。しかし、いくら恩を肝に銘じさせるためという名目があるにせよ、相手をここまで嘆かせてよいものだろうか。

私はいつも思う。あの悲しみの途中、俊寛が心臓麻痺でも起こしてポックリ死んだら、丹左衛門はどう責任を取るのだろうか。

丹左衛門ほどではないが、微妙な抵抗感を持つのが『実盛物語《さねもりものがたり》』の実盛だ。平家の禄《ろく》を食《は》みながら心は源氏の人物である（ちなみにこの二心《ふたごころ》自体はオッケーである）。源

氏のお宝、白旗が奪われそうになった時、彼はやむなく白旗を握って離さない女の腕《かいな》を切り落とした（これもギリギリセーフ）。次の場で、腕を切られたために死んだ女の子供、太郎吉《たろきち》から敵と呼ばれる。しかし年長者の自分が幼子に討たれては情けの掛け過ぎになると未来の再会を約す（これも芝居の組み立てとしてはアリ）。

このようにギリギリラインを複数抱えている中で、一つ、感覚的に引っかかるのは、自分の馬に太郎吉を乗せてやるシーン。子供は無邪気に喜んでいるが、つい先刻母を看取った子がその「犯人」と嬉しそうに馬に乗るのはいかがなものだろうと考え過ぎる私がイケないのか、それともこれは実盛の配慮なのか。又、このシーンより前に、嘆き悲しむ太郎吉に対して、母の形見はそこにありますよと自らが切り落とした腕を指し示す件《くだり》があり、ここも見ていて目と心が落ち着かない。「母の形見はそれぞこに」は実盛役者にとって難しいセリフではなかろうか。情があり過ぎるのもかえって不自然だろうし、素っ気ないのはもっといただけない。良い実盛役者を何人か見てきたが、このセリフの言い回しで百パーセント納得できた記憶がないことも、私が彼を微妙な偽善者リストに入れてしまう理由なのだろう。

◆綱豊の場合

最後の一人が『御浜御殿綱豊卿《おはまごてんつなとよきょう》』の綱豊である。クドイようだが綱豊はいい役であり、立派な人物であり、私も大好きな役で、特に中村梅玉《ばいぎょく》の綱豊にはいつも感じ入る。ただし、どうしても言いたいことが一つ。

人がこれほど言いたくないことを、あなたは言わせようとしたのですよ、と。

彼は現将軍の甥。表向きは政治にかかわらないスタンスを取っており、今日も女たちと浜遊びだ。

折しも世間はあの赤穂事件の約一年後で、浪人たちは耐え難きを耐え、仇討の計画を練っている。それは世間には絶対漏らせない一大事だ。

綱豊も敵討ちの行方を注視している。武士としての心情から討たせてやりたいのが本心だ。しかしその一方、浅野家再興に手を貸すようにと、いろいろな方面から催促を受けてもいる。さあどうする……。

彼はまず学問の師、新井勘解由《かげゆ》（新井白石）に問い、自分の考えは正しいと悟る。

さらに、浜遊びに事寄せて吉良《きら》の面相を見届けに来た赤穂浪人の助右衛門《すけえもん》を問い詰める。綱豊にしてみれば、助右衛門から仇討の計画を少しでも聞き出し、自分の出した結論の確証を得ようという腹積もりだ。当然本心を見せない助右衛門。この問い詰め方の駆け引きは作者、真《ま》山青果《やませいか》の真骨頂だ。駆け引きがエスカレートし、綱豊自身も痛いところを突かれて動揺する辺りは何度見てもゾクゾクする。

結局、早まった行為にでた助右衛門に綱豊がカッコよく意見して芝居は終わるのだが、カッコいいなと思いつつ、私はどこかで先に述べた思いが引っかかる。

綱豊にはまず討たせてやりたいという本心がある。本心を貫こうという彼なりの決断も実はすでにある。それを固めるために勘解由をわざわざ呼んだ。それで充分ではなかったか。強い立場に立ちながら、弱い立場の浪人を、斯《か》くも困らせなくともよいのではなかろうか。

綱豊に負けないくらい私もカッコよく言わせてもらおう。チト言い過ぎかもしれぬが、この際言ってしまおう。

決意、決断は、他人を締め上げてするものではなく、自分でするものだ。まして相手がこれほど言いにくいことを無理に言わせようとするのは、決断力の足りぬ者の甘えと傲慢ではないのか。

こんな見方をするようになってから、若い頃の私には大層立派と映った綱豊が、ちょっと男を下げてきた。私自身、年の功で少しは決断力がついたためだろうか。登場人物への評価が自分の中で変化するのも長年芝居を見続けていればこそだろう。

どうしても言いたくないこと、それは程度の差こそあれ誰にもある。芝居の中では赤穂浪士は皆、それを背負っている。もう一人だけ例を挙げれば『河庄《かわしょう》』の小春。治兵衛《じへえ》に踏み叩かれながら自分の愛想尽《づ》かしには、こういう事情があるのだと、どれほど言いたかったことだろう。けれども言えない、言ってはいけない。

言いたくないことは言わない、言わせない、そこには人間同士の美しい掟があるはずなのだ。

『野崎村』のヒロイン

お染、お光、もう一人のヒロイン

東京でも関西でもよく上演される演目の一つに『野崎村《のざきむら》』がある。芝居に縁のない方でも「お染久松《そめひさまつ》」の名は聞かれたことがおありだろう。

いきなりの余談だが、平成二十一年、新型インフルエンザが猛威を振るった。感染を阻止しようと真面目な日本国民は、手洗い、うがい、マスク着用に余念がない。抗生物質も抗ウイルス薬もなかった時代の人々は流行り病の恐ろしさは身に染みていたことだろう。今でいうインフルエンザと思しき病気が流行した時、家々の門口にはこんな張り紙がなされたという。

久松留守

流行りの風邪のニックネームが「お染風邪」であったため、久松は留守ですよ、この家に入ってこないでというメッセージだ。予防効果がないのは言うまでもないが、芝居が生活に浸透していた時代ならではの現象である。

人口に膾炙《かいしゃ》した美しき十代のカップル、お染と久松。しかし『野崎村』を見た人なら、むしろ彼らは脇役であると気づくはずだ。もっと重要な役がある。

その筆頭がお光《みつ》。お染のライバルで最後に自ら身を引く悲劇のヒロインだ。さらに久松の養父、久作《きゅうさく》も芯となる人物である。

◆〝厄介〟な登場人物

さて、私が言いたいのは実はここからだ。お光や久作以外にもう一人、誤解をおそれずに言うと〝厄介〟な人物がいる。厄介であるがゆえに演じにくいのだろう、歌舞伎ではこの人物を登場させないやり方があり、私の知る限りその方が多い。

その人物とはお光の実の母だ。この母は目が見えない。浄瑠璃本文では名前すらついていいない。（ちなみに、浄瑠璃では重要人物ながら固有名詞がつけられていない役が存在する。『仮名手本《かなでほん》忠臣蔵《ちゅうしんぐら》』のお軽《かる》の母、『引窓《ひきまど》』の濡髪《ぬれがみ》の母、猿廻しが印象的な『堀川』のお俊《しゅん》の母も無名だ）

まず例によって、この場に至る筋を記そう。

和泉国石津家の家臣、相良《さがら》丈太夫は宝刀紛失の落度にて切腹、息子の久松は乳母の兄である百姓の久作に引き取られた。成長した彼は大坂の商家へ丁稚《でっち》奉公する。

久松は油屋で奉公するうち、主人の一人娘のお染と恋仲になった。少年と少女のままごとのような恋と侮るなかれ。二人は二人なりに真剣で、お染の体には新しい命が宿っている。

とかく恋には邪魔が入るもの。油屋の下人、小助の奸計にはまり、久松は店の金を盗んだ犯人に仕立てられ、野崎村の実家すなわち久作の家に戻されてしまった。

この家には久作のほか二人の住人がいる。久作の妻と、その連れ子のお光だ。心優しいお光は久作によく尽くしている。そして、久松とお光はいずれ夫婦になる……という、この家の不文律のような約束のもと、お光は成長した。

実家に戻された久松。彼の恋のゴシップをお光も久作も当然知っている。所詮結ばれぬ大店《おおだな》の一人娘と丁稚の恋だ。それならば元の約束通り、お光と久松を祝言させようと久作は決意し

18

た。喜んだお光はいそいそと婚礼準備を始める。

そんな中、当のお染が久松を追いかけて野崎村までやってきた。久作の意見もむなしく、目と目で心中を知らせ合うお染と久松。そうと見抜いたお光は身を引き、尼になることを決意して綿帽子の下の髪を切り落としていた。それを見て一同が驚き嘆く中、お染の母が現れ、お染と久松を同行して大坂へ立つ。

以上が『野崎村』のあらましだ。これでわかるようにお光の母が登場しなくともストーリーは追える。普段の舞台では、盲目の上に長患いの母は、舞台上手《かみて》の一間《ひとま》に臥せっているという設定で、お光も久作も、冒頭にちょっと出てくる村人たちも、母を意識した言い回しやそぶりを見せるに過ぎない。

一方、母が登場することも稀ながらあるが、まず、原作は母の登場をどう書いているか、私なりの注釈を加えながら再現してみよう。

上手の一間から這うように母が登場。次にお光も恥ずかしげに出てくる。綿帽子を深々とかぶっており、切られた髪にはまだ誰も気づいていない。改まった綿帽子はうっとおしいだろうと久作がそれを取ると、切髪《きりかみ》が露わになってしまった。ところが盲目の悲しさ、母にはわからず祝言だと思い込み、喜んでいる。ハット息をのむ久作、お染、久松。驚き、悔恨、罪の意識……泣き叫びたい彼らにブレーキをかけたのは強烈なこの思いだ——母にだけは事実を知らしめてはいけない——。

そこで彼らは必死で涙をこらえ、声を立てまいとする。嗚咽《おえつ》をのみ込もうとする。この有様を作者の近松半二《はんじ》はこう書いた。

四人の涙、八つの袖

四人とは、お光、久作、久松、お染。袖が四人分なので八つ。袖がクローズアップされるのは、四人が声をもらすまいと袖で口を押さえ、歯を食いしばっているからだと思われる。

人は誰でも大泣きしたい時、それができれば少しは癒される。泣きたいけど泣けない、となるとその辛さは倍増する。しかもこの場合は母を悲しまさないためなのだ。美しき忍耐は、大声で泣くよりきつかろう。彼らの努力もむなしく、母がさぐる手先に袈裟や切髪が触れ、母も現実を知ることになる。

『野崎村』は悲劇満載の物語だ。尼になるお光は言うに及ばず、悲恋のお染久松も、老いの身で苦労を背負い込む久作も。しかし、この悲劇の渦中にある人たちが、自分の辛さを上回る哀れを帯びた人物としてお光の母に必死の隠し立てをしている。真実が明らかになるのは時間の問題と知りながら、それでも彼らは両袖で嗚咽を封じ込めようと試みたのだ。

◆『野崎村』の深層

どうしてそうしたのか。盲目だから、つまり弱者をいたわる心根もあろう。しかし私は、こんな深読みをしている。

約束されていたお光と久松の祝言は、決して若い二人だけのものではない。それは、久作とお光の母の〝人生のゴール〟なのではなかろうか。そう感じていたからこそ彼らは、ほとんど反射的、本能的に隠そうと思ったのではなかろうか。

久作は、主筋の子の久松を大事に育ててきた。一方、女房には連れ子がいる。久作夫婦はいわば子連れ同士の結婚のような状況にある。ケースバイケースではあろうが、一般的な夫婦よりデリケートな事情を含んでいるだろう。久作夫婦にも、人並み以上の苦労があったと推察する。そのたびごとに彼らはこう思った。我が子同然の久松と、女房の子のお光はいずれ夫婦になる、我々もそれを見届けたい、その時こそ我々もまたあらためて夫婦に成り直すのだと。

お光と久松の祝言が、久作夫婦の完成——こんなことは『野崎村』のどこにも書いてはいない。しかし私はそんな見えざる定めを感じることがある。それを少しでも体感できるように、ぜひお光の母にも舞台に登場してほしい。私が密かにこの母こそ「『野崎村』のヒロイン」と呼んでいるのはこのためだ。

しかし現行の舞台では、母を省略したり、たとえ登場しても期待するほどの効果を上げないことがあり残念でならない。

半二の作品と言えばもう一つ、有名な作品の中で盲目の人物を印象的に描いているものがある。『妹背山婦女庭訓《いもせやまおんなていきん》』の「芝六《しばろく》住家」。帝《みかど》一行は、逆臣の蘇我入鹿《そがのいるか》が禁裏に侵入したため芝六宅へ避難中。盲目の帝にそれを気づかせまいと、賤が宿の芝六宅を皇居と偽り、大勢の官吏が居並ぶように取り繕うシーンだ。歌舞伎ではまずお目にかからない場だが、文楽で見ると実に面白く、そこはかとなく漂うユーモアとペーソスが何とも言えない。そこから段切のクライマックスに至る構成には感嘆させられる。

『野崎村』の大切なヒロイン、お光の母。この役が輝くほど大舞台の『野崎村』を見てみたいものだ。

19

愛しの子供たち

健気《けなげ》な子、生意気な子、泣かせる子

私には子供がいない。五十の坂を超すとさすがにこの事実とも平静に向き合えるようになったが、そうでない年代も体験してきた。

実生活ではまだ割り切りが付くとしても、困るのは芝居のことだ。劇評を書く立場として、幼い子役が活躍する演目も取り上げなくてはならない。そうした芝居では、親の溢れる愛情や、子の健気な姿に人々の涙が注がれる。子の無い私にそうした演目を評する資格があるのだろうか。『寺子屋』や『盛綱陣屋《もりつなじんや》』で、私は恥にも似た心持ちと後ろめたさを感じつつ、それでも感性を総動員して評を書いてきたつもりだ。

しかし、ある程度年齢を重ねてくると、やはりこれは母性なのではなかろうか、子供の有無にかかわらず全女性が持っている感慨なのではなかろうかと思える感情が、非常にさりげない、何気ない場面で鎌首をもたげることが増え出した。

そうした場面を一つ挙げよう。『寺子屋』で、松王丸《まつおうまる》と玄蕃《げんば》が村人たちもグルかも知れないと疑い、寺子を一人ずつ吟味してから家に帰すところがある。村の者が一人一人、門口《かどぐち》で我が子や孫の名を呼ぶと奥の暖簾口《のれんぐち》から待ってましたと飛び出す子供たち。門口で顔を改められてから父や祖父に手を引かれて我が家へと急ぐ。

ある時、花道近くの席で見ていた私は不思議な発見をした。松王丸らの検分から解放され、親の所へ向かう子供が皆、にこりとするのだ。歩くのがやっとの子も、ちょっと大人びた子も。親役に扮する役者の実の子が子役で出ているわけではないだろう。しかし、難を逃れて家路につく時に見せる安堵の表情は、親と子に流れる温かいものを、子の無い私にも思い起こさせてくれる。

こうした内なる母性に光を当てつつ、一方それとは逆に、子の無い者の客観性や中立性も駆使しながら、芝居の中の子役が見せる表情にいろいろ思いを馳せてみたい。

◆子役の役割とタイプ

割り切った言い方をすると、芝居の中での子役の役割は「いじらしさ」「いたいけなさ」で観客の涙を絞ることである。わんわん泣く子より、耐え忍んでいる子の方がその役割は果たしやすい。子が耐え忍ぶことで、芝居を見た大人が「子供でさえあの通りなのだから、大人もしっかりしないと」という気になるのは、芝居の持つちょっとしたカウンセリング力である。

ただし子役と言っても様々で、いろいろなタイプがいる。それらをざっと見てゆこう。

「いたいけな」のが子役の美徳と書いたが、程度が過ぎると言おうか、ちょっと出来すぎたケースもある。例えば『袖萩祭文《そではぎさいもん》』の袖萩の子、お君は雪の降りしきる中、癪《しゃく》を起こした母に自分の着物を脱いで着せる。確かに子供は大人には想像できないほどの気遣いを親に対して見せることがあるが、芝居で見ると作り物めく危うさが無くもない。松王丸の子、小太郎《こたろう》も、武部源蔵《たけべげんぞう》が言う通り、首を差し伸べてにっこり笑って首討たれたのなら、ちょっと出来過ぎ、作りすぎの気がする。この饅頭には毒が入っていると知りつつ食べて死ぬ『先代萩《せんだいはぎ》』の千松《せんまつ》や、父に教えられた通り偽首を見て切腹する『盛綱陣屋』の小四郎《こしろう》も芝居の趣向という特殊な世界の中の住人だ。しかし子役の描かれ方が少し度を越していても、それを取り巻く大人の苦悩がしっかり描かれているのが名作の面目であろう。

ちょっとした変わり種もある。『実盛物語《さねもりものがたり》』の太郎吉《たろきち》だ。彼は実盛が母を殺したと知り勝負を挑む。ここまでは「けなげな」子供だ。ところが幕切れ近く、子供にそぐわない、ドキリとすることを言う。

首切る役はこの手塚

（彼は実盛から手塚太郎という名をもらった）

成人したら討たれてやると実盛から保証され、その場に居合わす人々が、私は旗持ち、私は兵糧炊き、と銘々の役目を述べるとき、実盛の首を斬る役は自分だと言い放つ。可愛い子役の口から出たセリフにギョッとする観客も多いのではなかろうか。

何故この子はこんな残虐なことをさらっと言うのか。実はつい最前、自分の祖父が自害に等しい方法で死んでおり、太郎吉はその刀に手を添えている。こうした血の匂いの影響も大きいが、もう一つ伏線が用意されている。それは、源氏の血を引く男児の誕生を注進しようと駆け出した仁惣太《にそうた》の殺され方だ。まず歌舞伎のやり方はこうだ。実盛が投げた小柄《こづか》が仁惣太の首に命中し、あっさり死んで舞台から居なくなる。ところが文楽では浄瑠璃の原文にのっとり殺し方がダイナミックだ。鉤のついた縄に手繰り寄せられ、体ごと実盛の馬上に引き上げられた仁惣太は、実盛に豪快に首を切り落とされる。

太郎吉は人が殺されるのを目の当たりにしたのだ。その異様な興奮が、「首切る役はこの手塚」と言わしめたのだ。血の連鎖に子は正直に反応したのである。

手塚太郎とは違ったニュアンスで、ちょっと怖い子役をもう一人紹介したい。文楽でしか見たことのない演目に『志度寺《しどうじ》』がある。とはいえ文楽でもめったに出ない演目だ。

坊太郎は言葉が話せない。それを治そうと乳母のお辻は金毘羅様へ願掛けをする。今日は坊太郎の父の命日だ。乳母は守刀《まもりがたな》でハラを突いた状態で水垢離《みずごり》し、途中で坊太郎に駆け寄っては「サァものを言はっしゃれぬか」と肩を揺すぶる。この場面での大夫、三味線、人形の迫力と言ったらない。

乳母は文字通り命を懸けている。これはもう、神に祈り、お縋りすると言った生やさしいものではない。神を揺さぶり脅している。祈る自分、祈られる神は最早対等なのだと激しい舞台を見て私は思った。究極の宗教とは自己の神格化だというどこかで聞いた言葉と響き合う。

さて、本当の怖さはここからだ。坊太郎は実は話せるのにわざと黙っているのだ。それにはもちろん事情があるのだが、子役の設定もここまで来ると見る者をたじろがせる。

手塚太郎や坊太郎はむしろ例外であるためご安心を。大多数の子役は健気さと子供っぽさがいい塩梅に混ざり合っている。馬子《まご》をしながら一人で生きている三吉も母、重《しげ》の井《い》の前では子供だ。『どんどろ』のお鶴も似たパターン。『先代萩』の千松も、先ほど述べた毒饅頭の件《くだり》の前、空腹をこらえて俺の方が我慢強いぞと鶴千代《つるちよ》と張り合う所のかわいらしさ、いじらしさは、劇的すぎる「政岡忠義の段」より自然な涙を誘われることもある。

いたいけな子役とは対照的に、生意気な子も挙げてみよう。黙阿弥《もくあみ》の『魚屋宗五郎《さかなやそうごろう》』で酒屋の丁稚《でっち》が酒樽を届けに来る。香りのよさに、これは店で一番いい酒なのかと問われ、「灘の生一本だからよく効きますよ」と答える。お前が飲むようだと言われ「酒が好きだから酒屋に奉公してるんだ」。黙阿弥ものには生意気な子供が多く、役者の声色《こわいろ》で髪結新三《かみゆいしんざ》を迎えに来る長《ちょう》松《まつ》や、幡随長兵衛《ばんずいちょうべえ》の三枚目の家来、出っ尻におぶされて「おぶされ続けて足が痛くなった」とほざく長松などなど。ただし長松は長兵衛の子だけあってちょっといいセリフも言う。日頃おんぶしてもらっている出っ尻が他の子分達からぶたれると「口が過ぎたなら口で言え、打つのはやめろ」。なかなか見上げたものだ。

生意気なのは男の子ばかりではない。女の子は下手をするともっとませており厄介だ。その代表が「禿《かむろ》」。遊里で花魁《おいらん》たちの世話をする遊女予備軍である。愛らしい衣裳や髪飾りとは裏腹にどこか物知り顔、分け知り顔だ。

◆卯之吉にみる〝節理〟

最後に私が一番大切にしている子役を紹介しよう。『荒川の佐吉』の卯之吉《うのきち》だ。彼は深川の芸者とその旦那の間にできた子で、生まれつき目が見えない。

最近（平成二十六年八月）こんなニュースを聞いた。タイの女性に代理母を依頼したオーストラリアの夫婦が、障害を持って生まれた子の受け取りを拒んだというのだ。愚かで悲しい選択は昔からあったと見え、卯之吉は両親から見捨てられ、やくざの三下奴《さんしたやっこ》の佐吉に育てられている。

二幕目ではまだ赤ん坊だった卯之吉が三幕目では七、八歳に成長している。卯之吉の顔は多彩だ。もらった木琴を上手に弾けるようになって両国の見世物小屋に出るよと言って周りをしんみりさせたと思えば、大の大人に向かってあなたは一日にいくら稼ぐのか、それがいくつ集まれば小判になるのかと問いかけて相手をドギマギさせたりする。

こうした利発さも可愛いのだが、私がホロリとするのはもっともっと単純なことだ。セリフでも動作でもなく、いわば見えない所で起きた自然の節理のようなものである。

二幕目では先に述べた通り卯之吉は生まれたてでオギャァと泣くばかり。あやす佐吉は話しかけるとき、自分のことを「おじさん」と呼ぶ。自分の子ではないのだから当然だ。「坊は又おじさんをだましたね」という具合である。

ところがどうだろう、次の場で七、八歳になった卯之吉は、自分を育ててくれている佐吉をおとっつあんと、同居している辰五郎をおじさんと呼び分けているではないか。おじさんからおとっつあんへの変化。いつ、誰がそう教えたか。辰五郎あたりが教えたのだろうが、私はこう思う。人間としてのＤＮＡが、自分をいとしんで育ててくれている人を親と呼ばしめるのだと。

生みの親と育ての親。両方の愛情と葛藤をまともに受ける子供たち。子のない私もこうした名作のおかげで親の心情を追体験させてもらっている。

著者略歴

上田由香利（うえだ ゆかり）

昭和38年（1963）京都生まれ。大阪医科大学卒。精神科医。10歳頃より歌舞伎を見始め、大学卒業後より劇評を手掛け、関西・歌舞伎を愛する会発行の『大向う』や歌舞伎学会誌『歌舞伎　研究と批評』等に寄稿。現在、『上方芸能』に歌舞伎評を連載中。十三夜会会員。

歌舞伎に親しむ—私の見かた・読みかた—

2015年8月20日　初版第1刷発行

著　者　上田由香利

発行者　廣橋研三

発行所　和泉書院

〒543-0037　大阪市天王寺区上之宮町7-6

電話 06-6771-1467／振替 00970-8-15043

印刷・製本　亜細亜印刷

装訂　仁井谷伴子

ISBN978-4-7576-0764-4　C0074　　定価はカバーに表示